외로움의 모양

이현정 지음

외로움의 모양

Shapes of Loneliness

늘 함께하지만
언제나 혼자인 우리의 이야기

가능성들

| 프롤로그 |

오늘날 '외로움'을 호소하는 사람이 점점 많아지고 있다. 우리는 왜 이렇게 외로워진 걸까? 혼자 사는 사람이 많아져서? 실제로 한국의 1인 가구는 2022년 전체 인구의 40퍼센트를 넘어섰다. 혼자 살면서 혼자 밥을 먹고 혼자 시간을 보내다 보면 아무래도 외로움을 쉽게 느낄 수 있다. 그러나 혼자 사니 한적하고 여유로워서 좋다고 말하는 사람들도 있다. 혼자 산다는 게 외로움의 절대적인 원인일 수 없다. 또 여럿이 함께 산다고 외롭지 않을까?

데이비드 리스먼의 《고독한 군중》에 따르면, 많은 사람 속에서 살아가는 현대인이 오히려 외로움에 더 취약하다. 주변 사람들의 시선을 의식하며 살아가다 보면 진짜 자신의 생각과 모습을 잃기 쉽고, 실제로 자기 자신을 있는 그대로 받아들여 주는 사람은 없는 것 같아 불안을 느끼기 때문이다.

사실 우리는 어느 때보다 서로 연결된 사회 속에서 살아가고 있다. 몇 시간 만에 다른 대륙으로 날아갈 수 있고, 외국에 떨어져 사는 친구와도 수시로 통화할 수 있다. 언제 어디에 있든 SNS나 메신저를 통해 수십 명과 동시에 소통할 수 있다.

하지만 우리는 그 어느 때보다 외로움을 많이 느낀다. 매일 아침 사람들로 빽빽한 지하철이나 버스 안에서, 그 누구의 시선과도 마주치지 않으려 핸드폰에 고개를 처박고 있는 출근길 직장인들. 학교와 학원 생활에 바빠 눈코 뜰 새 없지만 집에 돌아와서는 자기 방에 고립되어 유튜브와 게임에 빠져 있는 아이들. 그 누구보다 치열한 삶을 살았지만 은퇴 후 하루 종일 홀로 TV만 바라보고 있는 노인들….

각기 바쁜 생활 속에 친구나 직장 동료와 마음속 이야기를 나누기란 쉽지 않고, 이웃에 누가 사는지 모르는 경우가 허다하다. 회사 일에, 아이 양육에, 자기 계발에 정신이 없다가 문득 고개를 들면, 망망한 사막 위에 홀로 서 있는 것 같은 느낌이 든다.

한때는 외로움이 홀로 늙어 가는 노인들만의 문제라고 여겨진 적이 있다. 높은 노인 자살률과 더불어, 혼자 살다가 외롭게 죽어 가는 고연령층의 문제를 신문 기사에서 종종 읽을 수 있었다. 그러나 오늘날 우리 사회에서 혼자 살다가 외롭게 죽어 가는 소위 '고독사'가 단지 노년층만의 문제는 아니다. 중년의 남성들이 외로움에 허덕이다가 조용히 삶을 마감하는 경우가 적지 않다. 20~30대 청년들도 외로움으로 인해 우울증과 질병에 시달리다가 극단적으로는 자해하거나 자살에 이르기도 한다.

이들은 자기 옆에 아무도 없는 것 같은 공허감으로 괴로워한다. 자신을 알아주는 사람이 세상에 아무도 없는 것 같은 느낌은 바닥이 없는 늪에 빠진 듯한 우울감으로 이어진다. 펑펑 울어 봤자 그 울음을 들어 줄 사람이 없다는 것을 깨닫게 되면 지쳐 잠드는 게 유일한 해결책이다.

이 책에서 나는 외로움의 원인을 탐구하거나 분석하지 않는다. 또 외로움을 심각한 보건 문제로 바라보고 비판하지 않으며, 역으로 외로움을 긍정적으로 바라보고 자기 성찰의 계기로 삼아 보라며 권유하지도 않는다. 세 가지 접근 모두 외로움을 이해하는 데 도움이 되겠지만, 이 책은 그보다 '외로움'

이 과연 무엇인지 그 자체에 주목한다.

   이 책은 외로움의 경험 자체를 다룬다. 외로움이란 도대체 어떤 감정이고, 어떤 상황에서 발생하게 되는 걸까? 외로움을 느낄 때, 우리 마음속에서는 어떤 감정과 사고의 물결들이 요동치는 것일까? 그리고 우리는 자신의 외로움을 해결하기 위해 어떤 시도나 노력을 하고 있을까?

   나는 그동안 많은 사람을 만나 이야기 나누면서 그들의 외로움의 모양을 지켜보았다. 인류학 중에서도 정신장애와 사회적 고통을 전공한 나는 한국 사회뿐 아니라 주변 나라들에서 인간이 사회생활을 하면서 경험하는 각종 감정적이고 정신적인 문제들을 연구해 왔다. 인류학의 특성상, 깊숙하고 외딴 농촌 마을에서부터 소도시, 그리고 대도시의 북적북적한 공간까지 다양한 장소에 장기간 거주하면서 사람들의 마음을 들여다보았다.

   '마음 읽기'가 내가 하는 일이다. 내가 만난 숱한 사람들과의 대화와 일상적 관계 속에서, 나는 외로움이 무엇인가에 관한 작지만 깊이 있는 통찰을 얻을 수 있었다. 무엇보다 중요한 한 가지 발견은, 우리가 쉽게 '외로움'이라고 부르는 감정이 사실 한 가지 모양이 아니라는 것이다. 사람들이 각자 겪고 있는 외로움은 그 사람의 수만큼이나 다양한 모양과 색깔을 띠고 있었다.

이 책은 외로움의 다양한 모양과 색깔에 초점을 맞춘다. 복잡하고 바쁜 현대 생활 속에서 우리는 자신이 느끼는 감정에 대해 자세히 들여다볼 기회가 별로 없다. 그러나 감정이란, 공기가 눈에 보이지 않게 주변을 떠다니는 듯 보여도 수소와 산소라는 특별한 원소로 구성되어 있는 것처럼, 성분 간의 작용을 통해 독특한 성질을 띤다. 모양과 색깔은 그런 성질 중 한 가지다. 외로움의 모양과 색깔에 관심을 기울이면, 외로움이 무엇이며 우리가 외로움을 어떻게 경험하고 있는지 좀 더 구체적으로 이해할 수 있게 된다.

이 책은 또 과거의 사람들, 먼 나라 사람들의 이야기가 아니라, 바로 이곳 한국 사회에서 2020년대를 살아가고 있는 사람들의 외로운 이야기에 귀를 기울인다. 사람들이 서로 속해 있다고 느낄 때 삶은 더 즐겁고 풍요롭고 건강해진다. 사람으로서 우리는 누구나 외로움을 느끼지만, 그 외로움을 혼자 경험할 필요는 없다. 이 책에서 자신이 겪는 외로움의 모양과 색깔에 대해서 말하는 사람들의 이야기를 들으며, 독자들이 자신의 외로움이 어딘가 버려진 외딴섬의 경험이 아니라 이 나라 어딘가에서 다른 이도 함께 느끼는 감정이라는 공감과 위로를 받을 수 있기를 바란다.

나아가 자신의 외로움을 이해하는 과정을 통해서, 자기 자신의 깊은 마음속 이야기에 조금은 귀 기울일 수 있기를 바란다. 언어는 인간이 발명해 낸 최고의 표현 도구지만, 마음을 온전히 드러내는 데는 한계가 있다. 그렇기에 우리의 감정적인 경험은 주변 사람과 말로 나눈다고 하더라도 충분히 만족스럽게 해소되지 않는다. 자신의 마음을 스스로 들여다보고, 세심하게 느끼면서 돌봐야 하는 이유다.

이 책은 언어로 쓰였지만, 마음으로 읽는 책이다. 독자들이 다른 이와 자신의 외로움을 들여다보면서 스스로를 더 많이 이해하고 돌볼 수 있기를, 그래서 다음 단계로 나아갈 수 있는 힘을 얻기를 기대한다.

차례

프롤로그 _ 4

| 1장 | 외로움의 모양 _ 13

| 2장 | 바람에 구르는 바싹 마른 낙엽 _ 33
　　　: 소통할 수 없는 가족

| 3장 | 튀어 오르는 공 _ 51
　　　: 평균을 향한 갈망

| 4장 | 화려한 보랏빛 속 차가운 블루 _ 69
　　　: 코로나와 상실

| 5장 | 보일 듯 보이지 않는 희뿌연 안개 _ 89
　　　: 장애인 딸을 둔 엄마로 살아가기

| 6장 | 텅 비어 있는 매트한 타조알 _ 109
　　　: 페르소나에 갇힌 나

| 7장 | 물을 가득 머금은 푸른 스펀지 _ 131
    : 친밀한 관계에 대한 애착

| 8장 | 무정형 _ 145
    : 생활의 무게

| 9장 | 물살에 떠내려가는 스티로폼 _ 161
    : 책임감에 짓눌린 삶

| 10장 | 시린 공기 _ 185
    : 아무도 날 이해해 주지 않아

| 11장 | 투명함 _ 203
    : 어디에도 속하지 못하는 삶

| 12장 | 나의 모습을 한 그림자 _ 221
    : 휘몰아치는 삶에 대한 의문

| 13장 | 검고 단단한 덩어리 _ 239
    : 외로움은 나의 힘

에필로그 _ 251

| 1장 |

외로움의 모양

외로움을 호소하는 사람들에게 물었다. 당신의 외로움은 어떤 모양인가요? 어떤 사람은 "바람에 구르는 바싹 마른 낙엽" 같다고 했다. 어떤 이는 "보일 듯 보이지 않는 희뿌연 안개"라고 했다. 또 어떤 사람은 "물살에 떠내려가는 스티로폼"처럼 느껴진다고 했다. 이처럼 우리는 각자 외로움을 겪으면서도 그 모양을 인식하는 방식이 다르다. "외롭다"라고 똑같이 말하지만, 그 외로움의 성격이 모두 다른 까닭이다.

그렇다면, 외로움이란 도대체 무엇일까? 외로움이 무엇인지 이해하기 위해서는 먼저 고립과 은둔, 고독과 외로움을 구분할 필요가 있다.

고립isolation은 다른 사람과의 관계로부터 '물리적으로' 멀어져 혼자 된 상태다. 다른 사람들과 어떤 연결도 없이 동떨어져서 홀로 지낸다면, 고립되어 있다고 할 수 있다. "그 사람은 외딴섬에 고립된 채 10년을 살았다"라는 문장은 고립의 의미를 적나라하게 드러낸다.

은둔seclusion은 그런 물리적 고립 상태를 스스로 극단으로 추구하는 삶의 양태다. 다른 사람과의 관계를 거부하면서 혼자 사는 사람들을 가리켜 우리는 '은둔자recluse'라고 한다.

고독solitude은 자신의 의도 여부와 상관없이 홀로 있는 존재 상태를 뜻한다. 우리는 주변 상황에 의해 고독하게 되기도 하지만, 고독을 자발적으로 선택할 수도 있다. 철학자들은 종종 스스로 홀로 됨의 감정에 침잠하고 자신과 대화하기를 선택한다. 또한 고독은 반드시 다른 사람과 물리적인 거리가 있음을 뜻하는 것은 아니다. 바글대는 사람들 속에 살면서도, 자기만의 세계에 홀로 머문다면 그것 또한 고독이다.

반면, 외로움loneliness는 존재 상태보다는 당사자가 느끼는 감정에 초점을 맞추는 개념이다. 고독과 외로움의 결정적인 차이는 '누가 그 감정의 주체인가'에 달려 있다. 고독이 스스로 결정해서 홀로 됨의 감정에 빠져 자신과의 대화를 선택하는 것이라면, 외로움은 내가 원하지 않는 방식으로 혼자가 되었다고 느끼는 감정이다. 외로움은 그 '홀로 됨'이 주체적으로 선택한 상태가 아니기에 벗어나고 싶은 마음이 들 수 있다. 또한 만일 오래도록 그 상태에서 벗어나지 못하면 건강과 일상에 부정적인 결과를 가져올 수 있다.

지금까지 국내외 많은 연구가 외로움과 건강의 관계에 주목했다. 외로움은 하루에 담배 15개비를 피우는 정도의 건강상의 해로움이 있다고 한다. 흡연이 우리 몸에 끼치는 여러 가지 나쁜 작용처럼, 외로움은 우리에게 각종 질병을 야기할 수 있다. 건강상의 해로움에서 그치지 않고, 도박이나 알코올 중독과 같은 중독성 또는 자해나 살인과 같은 폭력적인 성향을 초래하기도 한다. 외로움이 자신에게 향하면 극단적으로 자살에까지 이르고, 타인에게 향하면 분노와 폭력으로 나타난다.

외로움을 느끼면 대체로 주변을 적대적으로 바라보게 된다. 그런 점에서 외로움과 폭력은 매우 밀접하다. 외국에서 무차별 총기 난사를 한 사람이나, 국내에서 '묻지 마 범죄' 등으로 타인에게 이유 없이 해를 끼친 사람들의 이야기를 들어 보면, 그들 중 상당수가 아무에게도 인정받지 못했을 뿐 아니라 외로움으로 고통받았다는 것을 알 수 있다.

그렇다면 외로움은 모든 사람이 느끼는 공통의 감정일까? 절반은 맞고, 절반은 틀리다. 우리 인간은 모두 외로움을 느낄 수 있지만, 그 감정의 정도나 내용은 각자가 처한 상황이나 몸의 상태, 그리고 원인에 따라 상당히 다를 수 있기 때문이다.

몸이 아파 다른 사람의 돌봄이 좀 더 필요한 상황이라면, 혼자 건강하게 생활할 수 있는 사람보다 외로움을 더 심하게 느끼기 쉽다. 어릴 때부터 항상 북적거리는 관계 속에서 살아온 사람은 혼자 있을 때 더 외로움을 느낄 수 있다. 사랑하는 사람과 오래 마음과 영혼을 나눠 온 이가 어느 날 갑자기 그 사람을 상실했다면, 애도의 기간을 남달리 오래 겪을 수밖에 없다. 주변 사람들이 아무리 마음을 다해 위로해 주어도 한동안 외로움에 허덕이게 된다.

지난 몇 년간 우리는 코로나19로 인해 예상치 못한 언택트untact 시대를 경험했다. 인터넷 쇼핑이 대세가 되었고 배달업이 호황을 누렸다. 대면 교육이 전통인 학교 수업도 원격으로 이루어졌고, 각종 강의나 연수 교육, 심지어 종교 행사도 줌Zoom으로 진행되었다. 기술의 발전으로 한 공간에 모이지 않더라도 각자 집에서 편하게 모니터 앞에 앉아 사람들을 만날 수 있게 되었다.

결혼식이나 장례식에 찾아가 얼굴을 보고 인사하는 문화도 달라졌다. 시간과 노력을 들여서 직접 가느니 서로 편하게 온라인으로 부조금을 보내고 만다. 취미 생활도, 운동도 집에서 핸드폰 영상을 보면서 하는 방식으로 바뀌었다. 전시회, 발표회, 회의도 각자의 집 방 안에서 온라인으로 한다.

이렇듯 광범위한 언택트 생활 속에서 우리는 사람마다 정도의 차이는 있지만 이전보다 훨씬 더 '외로움'을 느꼈다. 그동안은 당연하게 생각되어 주의를 기울이지 않았던 다른 사람과의 대면 접촉이 우리의 삶에 얼마나 중요한 부분이었는지를 새삼 깨닫기도 했다. 사람들과 접촉하지 않으면서 증폭된 외로움으로 인해 '견딜 수 없을 만큼 고통스러운 시간'이었다고 표현하는 사람도 있었다.

코로나19 시기에 특히 20대 젊은 여성들이 언택트 생활로 인한 고통을 많이 호소했다. 사회적 거리두기로 대면 접촉이 줄어들면서 서비스 업종이 일차적으로 축소되고 사라지는 상황에서 직장을 잃거나 월급이 깎였으며, 카드 빚 부담에 시달리기도 했다. 일찍이 독립해서 1인 가구를 구성했던 20대 여성들 가운데 월세 부담으로 다시 부모와 함께 살아야 하는 경우 가정불화나 폭력 등의 어려움을 겪기도 했다. 일상적으로 친구와 만나 대화를 나누는 것이 힘들어진 상황에서 외로움을 겪고, 심지어 우울증으로 고생하는 사람도 다수 생겨났다. 20대 여성의 자살률이 급증한 것은 이 모든 상황의 암울한 귀결이었다.

한국처럼 개인 간의 친밀감보다는 가족 안에서의 역할 수행이 중요한 곳에서는, 개인이 자기 자신보다 부모, 배우자, 자녀 등을 위해서 살아가는 경우가 많다. 그렇다 보니, 갑자기 직장에서 월급이 깎이거나 퇴출 요구를 받은 가장들은 그동안의 희생이 아무것도 아니었다는 생각에 삶의 의미와 목적을 잃고 방황하게 된다. 아이 양육에 많은 것을 투자하는 사회 분위기 속에서, 집안일과 양육은 그 자체로 자신을 잃어버리게 하고 삶을 피폐하게 만들기도 한다.

경제 성장이 이미 둔화하고 경쟁이 심해진 한국 사회에서 안정된 직업을 갖기란 하늘의 별 따기고, 새벽같이 일어나 자기 계발에 열심을 기울이지만 미래는 여전히 불확실하다. "다들 그렇게 사는 거야"라는 주변의 이야기에 고개 끄덕이며 어떻게든 견뎌 보려고 하지만, 과연 이번 생에서 내가 꿈꾸는 삶을 살아 볼 수 있을지 자신이 없어진다. 이런 상황들이 우리를 점점 더 외로움에 빠져들게 만든다. 주변 상황과 다른 사람들은 모두 나와는 동떨어진 것처럼 보이기 때문이다. 특히 SNS의 화려한 이미지와 메시지들은 나만 어딘가 문제가 있다고 여기게 만든다.

2018년 영국 테리사 메이 총리는 트레이시 크라우치 체육 및 시민사회 장관을 '외로움 담당 장관Minister for Loneliness'으로 겸직 임명했다. 외로움은 이제 개인 차원을 넘어 정부에서 개입할 정도로 심각한 사회문제가 된 것이다. 영국에서 발표한 국가 차원의 '외로움에 대한 실태 조사'(2016~2017)에 따르면, 16세 이상 인구의 5퍼센트가 외로움을 항상 자주 느끼고 있으며, 16퍼센트는 때때로, 2퍼센트는 가끔 느낀다고 한다.

2018년 한국리서치 조사 결과, 한국인의 7퍼센트는 거의 항상, 19퍼센트는 자주, 51퍼센트는 가끔 외로움을 느끼는 것으로 나타났다.* '외로움을 느끼지 않았다'는 응답은 23퍼센트에 불과했다. 통계청이 발표한 '2022 한국의 사회지표'에 따르면, 2021년 기준으로 우리 국민 중 '외롭다'고 느끼는 비중은 19.2퍼센트였다. 성별로는 여자(20.1%)가 남자(18.2%)보다

---

* 정한울, '한국인의 외로움 인식 보고서', 2018. https://hrcopinion.co.kr/archives/11770

더 외롭다고 생각하는 것으로 조사됐다. 연령별로는 60대 이상이 26.2퍼센트, 수입별로는 월 100만 원 이하가 40.8퍼센트로, 외로움을 상대적으로 더 심하게 느끼는 것으로 나타났다.[*]

모든 사람이 외로움을 느낄 수 있지만, 모두 외로움을 느끼는 건 아니다. 외로움은 또한 재산 정도, 주변 환경, 성별, 정체성 등에 따라 다르게 감각된다. 그렇다면 이제 외로움을 느끼는 사람들에 집중해 보자. 그들이 느끼는 외로움의 형태와 종류는 모두 같은 것일까?

앞서 언급했듯이, 내가 만난 사람들은 자신이 느끼는 '외로움의 모양'에 대해 질문했을 때, 각기 다른 대답을 내놓았다. 모두 열두 명에게 물었는데, 그들 중 단 한 사람도 비슷한 모양을 제시하지 않았다. 그만큼 외로움이라는 감정은 주관적이다. 나의 외로움은 나만의 외로움이며, 다른 사람과 똑같은 감정일 수가 없다.

공통점이 있다면, 이들 모두 다른 사람들에게서 자기 모습 그대로 사랑받기를 원했다는 것이다. 외로움에서 벗어나 자신

---

[*] 통계청, 《2022 한국의 사회지표》, 2023.

을 진심으로 아끼는 사람들과 공통의 배경과 관심사, 공통의 목표와 가치를 나누고자 했지만 그러지 못하는 상황에 대해서 안타까워했다.

외로움은 자신이 매우 특별하고 예외적이라는 느낌이 들도록 만든다. 심지어 외톨이처럼 느껴지는 자신이 혹시 '비정상'이 아닐까 걱정하기도 한다. 이런 걱정이 삶과 일상에 대한 불안과 초조감을 초래할 수 있다. 또 어떤 사람에게는 삶 자체에 대한 허무감으로 이어질 수도 있다.

지난 20년 동안 의료인류학자로서 나는 우울증에 관한 연구를 진행해 왔다. 반드시 우울증 진단을 받지 않았더라도 한국 사회에 우울감을 느끼는 사람이 점점 많아지고 있다는 문제의식 아래, 20대부터 70대까지 남녀 수백 명을 곳곳에서 다양하게 만났다. 그 과정에서 나는 참 많은 사람이 우울감은 아니더라도 '외로움'을 느끼고 있다는 사실을 발견했다.

주변에 친구가 많지만 막상 속내를 이야기할 사람이 없다는 20대 여성부터, 회사와 가족으로부터 인정받지 못해 괴로워하는 50대 남성, 매일 홀로 밥을 먹어야 하는 상황이 제일 두렵다고 말하는 70대 남성, 자신과 맞지 않는 직장에서 매일매일 버티고 있다는 40대 여성, 자신의 꿈을 포기한 채 자녀

양육에만 전념하지만 뜻대로 되지 않는 아이로 인해 힘들어하는 30대 여성까지, 그들은 모두 다른 이유로 외로움을 고백했다. "아무도 저를 이해하지 못해요. 세상에 저 혼자 남아 있는 것 같아요." 그들은 모두 외로웠고, 연결과 이해를 갈망하고 있었다.

매일같이 사람들에 둘러싸여 북적거리는 삶인데, 우리는 왜 이렇게 '외로움'에 허덕이는 걸까? 나는 한국 사람들이 겪는 '외로움'에 대해 좀 더 알고 싶어졌다. 그리고 2022년 초, 외로움을 느끼는 사람들을 직접 만나봐야겠다는 생각이 들었다. 내가 '외로움의 모양'이라는 주제를 가지고 만난 사람들은 평범한 우리 한국 사회의 시민들이었다. 나는 이들을 온·오프라인 커뮤니티를 통해 모집했는데, 해결하고 싶을 만큼 심각하게 외로움을 느끼는 사람 중에서 자발적으로 참여하고 싶은 이를 대상으로 했다. 이들은 전국 각지에서 왔으며, 성별은 남녀 절반 정도였고, 연령대도 20대부터 50대까지 다양했다.

처음에 간단한 설문조사가 이루어졌고, 그 후엔 한 사람 한 사람 직접 만나 각자의 외로움에 관해 이야기를 나눴는데, 신기하게도 모든 사람의 이야기가 다 독특했다. 사실 그것은 내가 전혀 예상하지 못한 부분이었다. 나는 '외로움의 모양'에 대한 연구를 기획하면서도, 한국 사람들의 외로움이 몇 가지 유형으로 나뉠 수 있겠거니 지레짐작했다. 그러나 막상 외로움을 느끼는 사람 각자와의 대화 속에서, 나는 외로움이 내가 짐작하거나 상상했던 것보다 훨씬 다채롭고 복잡한 감정이라는 것을 알게 되었다.

각각의 인터뷰에서 나온 주제 가운데 몇 가지는 아마 독자들도 충분히 공감할 수 있는 내용일 것이다. 먼저, 예상했던 대로, '가족'이 외로움의 첫 번째 원인으로 제기되었다. 여러 사람이 어렸을 적 가족과의 관계가 현재 자신이 겪고 있는 외로움의 밑바탕이 되었다고 언급했다. 어린 시절 부모로부터 충분히 사랑받지 못했거나, 부모 없이 혼자 자랄 수밖에 없었던 환경, 바쁜 부모와 산 경험 등이 어른이 된 후 외로움이 잠재하는 중요한 원인으로 지적되었다. 안타깝게도, 어릴 적 그런 경험은 성인이 된 후에도 부모와의 관계를 덜컹거리게 만드는 요인이 되기도 했다.

나는 궁금했다. 어릴 적 경험을 우리는 얼마나 성인이 되어서도 간직하고 사는 것일까? 사실 완벽한 어린 시절이란 아주 드물 것이다. 그렇다면 우리는 어떻게 해야 어릴 적 경험으로부터 자유로워질 수 있을까? 어떻게 해야 정신적으로 독립적이고 자유로운 성인이 될 수 있을까?

가족은 일반적으로 자신이 어려울 때 일차적으로 기댈 수 있고 돌봄을 받을 수 있는 집단이라고 상정된다. 그러나 실제로 우리의 삶 속에서 가족이 얼마나 그런 존재가 되고 있는지는 별개의 문제다. 가족과 함께하는 사람들은 가족 때문에, 가족과 함께하지 못하는 사람들은 또 떨어져 있는 가족으로 인해 외로움을 느끼는 경우가 많다. 오늘날 많은 사회적 논의에서 가족 문제가 심심치 않게 부각되는 것도 이런 상황과 무관하지 않을 것이다.

외로움의 또 다른 원인으로 지목된 것은 이른바 '세상의 기준에 맞추지 못한 자신의 삶'이었다. 우리 인생에서 과연 어떤 삶이 바르고 옳은 것일까? 어떤 삶이 맞고 틀리다는 '기준'이라는 게 있을 수 있는 것일까? 쉽게 생각해, 죄짓지 않고 남에게 해 끼치지 않고 산다면, 그 삶은 충분히 바르고 옳다고 할 수 있다. 그러나 실제로 우리의 현실은 그렇게 간단하지도 녹록하지도 않다.

한국은 인구 구성이 상대적으로 동질적인 데 반해, 외부적인 기준과 사회적인 시선이 특별히 강력하고 민감한 사회다.

내가 만난 사람 중에는 이른바 '세상 사람들'이 말하는 보통의 삶, 평균의 삶을 누리지 못하는 것으로 인해 상처받고 외로워하는 사람이 많았다. 그들은 참으로 열심히 살아왔고, 남에게 해 끼치지 않으려 노력해 왔다. 그러나 여전히 세상 사람들에게 '비정상'으로 여겨지거나 '평균에도 미치지 못하는 삶'으로 인해서 자신을 부족하다고 여기거나 삶에 전혀 만족하지 못하고 있었다.

더구나 이들은 단지 자신의 삶에 만족하지 못하는 것을 넘어, 정도의 차이는 있지만 가까운 관계의 주변 사람들로부터의 배척을 경험하고 있었다. 가장 가까운 가족들이 이해해 주기는커녕 '문제아'라고 낙인을 찍고 비난하거나, 회사 동료들이 '어딘가 이상한 사람'이라고 여기며 암묵적으로 거리를 두었다.

나는 의문이 들었다. 만일 이들의 경험이 말 그대로 사실이라면, 우리 사회는 '평균' 혹은 '정상'이라는 기준에 걸맞지 않은 사람을 왜 그토록 배제하는 것일까? 엄밀히 말해, 우리 삶에서 평균이나 정상이라는 것이 가능하긴 한 것일까? 우리가 생각하는 평균이나 정상은 우리가 투영하고 있는 어떤 이상적인 그림자에 불과하다. 사실상 누구도 그런 이상형에 맞춰 살고 있지 않다. 그런데도 어째서 주변 사람들에게는 그토록 얄팍한 감정을 내비치거나 불관용의 태도로 일관하는 것일까?

만일 그들의 경험과 느낌이 사실이라면, 우리 사회의 문화는 지나치게 저열하고 치졸한 것이다. 세계 10위의 경제 대국이라지만, 과연 우리 사회의 문화가 그에 걸맞은 수준인지 되돌아봐야 한다.

사회와 주변 사람들의 시선이 워낙 강력하다 보니, 자기 자신이 진짜 어떤 사람인지 정확히 알 수 없어서 외로움을 느끼는 사람도 있었다. 일종의 강한 페르소나로 인한 외로움이다. 우리는 남들에게 잘 순응하는 사람일수록 가족의 바람이나 사회적인 기준에 쉽게 따를 거라고 예상한다. 그런데 그런 사람들도 나름대로 '진정한 나는 어떤 사람인가?'라는 질문 속에서 외로움을 호소한다.

참으로 어려운 인생이 아닐 수 없다. 한쪽에서는 세상에서 요구하는 기준에 맞춰 살라 하고, 다른 한쪽에서는 자기만의 주체적인 삶을 추구하라고 목소리를 높인다. 그렇다면 우리는 그중 어느 쪽을 선택해서 살아야 할까? 어떻게 하면 나만의 삶을 독창적으로 추구하면서도, 동시에 세상의 기준에 어긋나지 않게 살 수 있을까?

실제로 자기 뜻대로 주체적으로 사는 모습에 대해 주변에서 반대하고 제재를 가해서 외로움을 느끼는 사람도 있다. 가령 어렵게 입학한 명문대를 중퇴한다든가 남들이 부러워하는 공무원 생활을 그만두는 사람을 보면 우리는 대부분 선뜻 이해하지 못한다. 그러나 설령 그렇다고 해도 그것은 성인인 그 사람의 몫이고 선택이다. 그런데 우리 사회는 많은 사람의 기준에서 조금 '다르다'고 느끼는 모습에 대해 포용력이 없다. 다양성에 대한 존중과 관용이 일상화되지 않은 우리 사회에서 남들과 조금 다른 선택을 하는 사람들은 외로울 수밖에 없다.

스스로 남다른 운명을 짊어졌다고 생각하는 사람들도 심한 외로움을 느낀다. 장애인 자녀를 키우는 엄마는 매일의 삶 자체가 외롭다. 스무 살이 넘었지만 아직 예닐곱 살 어린아이처럼 행동하는 자녀를 돌보는 삶에 대해서, 주변 사람들이 쉽게 이해하지 못하고, 고민이 있어도 함께 나눌 수 있는 사람이 없기 때문이다. 신체적으로 점차 쇠약해지는 자신에 비해 점점 힘이 세지는 자녀의 모습도 또 하나의 어려움으로 다가온다.

예기치 않은 사고로 사랑하는 사람을 잃은 뒤 심각하게 외로움을 느낄 수 있다. 부모나 반려자, 친구나 자녀 등 사랑하는 사람을 갑자기 잃는 것만큼 사람이 어찌할 수 없는 일이 또 있을까? 주변 사람들은 '몇 달 혹은 몇 년이면 마음이 정리되겠지' 생각하지만, 실제로 사랑하는 사람을 잃은 상실감은 평생을 가기도 한다. 그 공허한 마음을 다른 누군가가 대체해 주기는 쉽지 않다. 주변 사람들에게 이해받지 못하는 마음의 상태는 외로움을 낳을 수밖에 없고, 그것은 고스란히 자신의 몫이 되고 만다.

타고난 성격이 어느 집단에 속하거나 누군가와 진심으로 마음을 나누기 어려워 외로울 수도 있다. 타고난 성격이라고 했지만, 어쩌면 살아온 환경 속에서 누군가와 함께하는 경험이 적다 보니 그것을 자신의 '운명'으로 받아들이고 있는 것일지도 모른다. 실제로 외로움이 깊은 사람 중에는, 괴로워해 봤자 딱히 다른 대안이 없어서 수용하는 태도로 굳어 버린 이들도 있다. '인생은 어차피 외로운 것'이라며 질문 자체를 회피하거나 허무한 태도가 일상이 되어 버린 사람도 숱하다.

인터뷰를 통해 이야기를 나눈 사람들의 사례 가운데 일부만 소개했지만, 이처럼 외로움의 원인은 다양하다. 그리고 원인이 다양한 만큼 그 외로움의 내용과 향취도 다를 수밖에 없다. '바람에 구르는 바싹 마른 낙엽'이 바스락거리는 소리로 쓸쓸한 기분을 자아내듯이, 외로움은 우리 마음을 그렇게 건조하게 만든다. '물살에 떠내려가는 스티로폼'처럼, 외로움은 스스로 자신의 길을 걸어가지 못하고 외부의 힘에 휩쓸리는 듯한 축축한 무력감을 초래한다. 외로움은 또한 '무정형'처럼 스스로도 그것이 무엇인지 알 수 없는 막연함일 수도 있다. 이처럼 외로움의 모양은 다르고 다양하고 또 복잡하다.

인터뷰는 대개 내 연구실에서 두세 시간씩 계속되었고, 저녁 식사를 하면서 이어지기도 했다. 몇 가지 모호한 부분에 대해서는 이후에 이메일을 통해서 추가로 물었다. 그들은 모두 참 솔직했다. 시간적 제약이 있긴 했지만, 아주 사적인 부분조차 드러내길 거리끼지 않았다. 낯선 나와 대화를 하면서 자신의 외로움에 대해 조금은 이해할 수 있게 되었다고 말하기도 했다. 어떻게 해야 자신의 문제를 해결할 수 있을지 내게 해결을 위한 조언을 구한 사람도 있었는데, 지금 돌아보면 그때 좀 더 도움이 될 만한 답변을 해 주지 못해 아쉽고 미안한 마음이 든다.

나는 그들의 솔직한 자기 고백이 다른 이들과의 연결과 공감을 위한 애정 어린 헌신이었다고 생각한다. 이 책에서 소개

하는 외로움의 모양들이 내가, 내 친구가, 내 이웃이 경험하는 다채로운 외로움을 조금이나마 이해하고 위로하는 데 도움이 되기를 바란다. 이것은 나와 인터뷰한 열두 사람이 자신의 이야기를 어렵게 나누며 희망한 단 한 가지였다.

| 2장 |

바람에 구르는 바싹 마른 낙엽

소통할 수 없는 가족

외롭거나 아니면 상처를 주거나.
우리에게 가족이라는 존재는 이토록 어렵고 힘들어야만 하는 걸까?
섭섭함으로 인한 마음의 상처는 외로움을 낳는다.
가까운 존재일수록, 우리는 섭섭함을 말하기가 어렵다.

♦

우리는 대부분 가족이 있으면 외롭지 않을 거라고 쉽게 생각한다. 나이가 들어서도 결혼하지 않는 딸에게 엄마가 하는 말이 늘 그렇지 않은가. "늙어서 혼자 살면 외롭다."

그런데 정말 그럴까? 가족이 있으면 정말 외롭지 않을까? 그럴 수도 있고, 그렇지 않을 수도 있다. 가족도 가족 나름이다. 가족이 있어서, 오히려 가족 때문에 더 외로운 사람이 우리 주변에 적지 않다. 미국 작가 에이미 션Amy Shearn은 〈홀로 걷는 여자〉에서 자신의 오랜 외로움이 사실 남편 때문이었음을 고백한다.* 가까이 있지만, 심지어 매일 밤을 같은 침대에

---

* 줌파 라히리 외, 《ALONE》, 혜다, 2023.

서 함께 보내지만, 그 사람과 아무런 연결이 없고 소통이나 공감이 되지 않는다면 그만큼 외로운 일이 또 있을까.

이른 여름날 내가 만난 가은도 가족으로 인해 외로움을 느끼고 있었지만, 좀 다른 경우였다. 20대 중반의 여성 가은(가명)의 일과는 언뜻 보기에 외로움의 실마리조차 찾아보기 어려울 정도로 빽빽했다. 대학 때 전공을 바꿔 편입한 뒤 지금은 졸업하고 대학원 입학을 준비하는 그는 주로 집에서 생활하고 있었다.

그런데 집에서 생활하는 사람치고는 너무나도 규칙적이고 일관된 생활이라 놀라웠다. 매일 아침 7시에 일어나 점심 식사 전까지 쉬지 않고 공부한다. 점심을 먹은 후에는 바로 강아지를 데리고 산책하러 다녀온 다음 매트를 펴 놓고 운동을 한다. 늦은 오후에는 다시 공부하다가 시간에 맞춰 아르바이트를 하러 간다. 이런 생활은 심지어 주말에도 계속됐다. 물론 가끔 친구들을 만나 밤늦게까지 놀기도 한다.

부지런한 자기 계발, 철저하게 계획에 맞춰진 일상, 늦은 밤까지 만날 수 있는 친구들, 게다가 이성적이고 합리적인 태도. 누군가 이런 면모를 가지고 있다면, 우리는 그가 외로움을 겪고 있으리라고 예상하기 어렵다. 우리는 막연히 외로움이란 어딘가 느슨하고 고립되고 또 감정적인 사람에게서 나타난다고 쉽게 생각하니까. 그런 점에서, 가은은 외로움에 대한 내 편견을 바꿔 준 사람이다.

 가은은 자신이 예전부터 계속 이렇게 자기 관리에 철저했던 건 아니라고 했다. 그의 표현에 따르면 '아무것도 하지 않던 시절'이 상당 기간 있었다. 자기 방 안에서 특별히 하는 일 없이 뒹굴거리거나 이것저것 하며 시간을 보내는 그에게 사실 가족들은 아무런 관심이 없었다.
 "잠만 자고 가는 사람들이라 제가 무엇을 하는지도 아마 몰랐을 거예요."
 그가 내뱉은 시니컬한 문장은 가족의 무관심에 대해 섭섭한 감정을 물씬 드러내고 있었다. 방구석에 처박혀 있지 말고 나가서 뭐라도 하라고 독촉하는 가족이 아닌 게 어쩌면 누군가에게는 다행일 수도 있다. 그러나 가은은 아무런 존재감을 느낄 수 없었던 그때를 불행했던 시간으로 기억한다. 마치 고치 속에 웅크린 애벌레인 양 혼자서 종일 방 안에 머무르면서, 매순간 '집에 있기 싫다'는 생각만 했다. 그는 집이 싫고, 가족이 싫었다. 아주아주 싫었다.

'난 왜 이렇게 가족이 싫지? 가족이 나에게 뭔가를 강요하는 것도 아니고, 나를 괴롭히는 것도 아닌데….'

사실 누군가가 싫은 데는 딱히 이유가 없을 수도 있다. 얼굴 생김새, 성격, 버릇이나 습관 등 이유를 댈 수 있는 싫음도 있지만, 특별한 이유 없는 싫음도 우리 삶엔 분명히 존재한다. 같은 학교에 다니거나 직장에서 함께 일하는 사람 중에도 괜히 마음에 거치적거리는 사람이 있기 마련이다.

그런데 누군가 가족이 싫다고 하면, 가족 중에서도 특히 엄마가 싫다고 하면, 사람들은 눈을 휘둥그레 뜨고 놀라서 쳐다본다. "아니, 엄마가 왜 싫어?"

가족에 대한 혐오감에서 벗어날 수 없었던 가은은 혹시 자신에게 문제가 있는 게 아닐까 고민이 되었고, 상담사를 찾기에 이르렀다.

상담사를 만나 어린 시절의 기억을 되돌아보던 중, 가은은 어릴 적 자신이 부모의 돌봄을 받고 싶었지만 외면당하고 '혼자 있음'으로 인한 외로움을 심하게 느꼈다는 사실을 발견했다. 그리고 그때 경험으로부터 가족에 대한 싫음이 시작된 것은 아닌지 추측하고 있었다.

어릴 때, 아마도 초등학교 2~3학년 때였을 거예요. 부모님이 다 엄청 늦게까지 일을 하셨어요. 그래서 혼자 학교를 오가고, 어둑한 빈집에 들어와서 불을 켜고, 밥을 차려 먹고, 숙제를 하고… 거실에서는 늘 제가 틀어 놓은 TV에서 어린이 채널 소리만 들렸어요. 저녁을 혼자 먹는데, 집에 혼자 조용히 있으면 정말 조용하잖아요. 근데 그게 너무 싫은 거예요. 그래서 항상 창문을 열고 환기를 시켰거든요. 그러면 막 주변의 소리나 바람이 들어오니까… 밥을 혼자 먹는 그게 너무 외로웠나 봐요. 오히려 부모님은 같이 일을 하셔서 그런지, 두 분은 나가면 즐겁게 일하다 오시는 것 같았어요. 근데 저는 항상 기다리는 입장이니까, '언제 오지?' 하면서, '해 지는데 언제 오지?' 하면서 계속 창밖만 보는… 기다림이 섞이니까 더 외롭게 느껴졌나 봐요. 그게 자꾸 주기적으로 생각이 나요.

열 살 즈음의 기억이 가은을 지금까지도 외롭게 하는 주범이다. 혼자 집에 들어와 어둑한 집 안에 불을 밝히고, 밥솥에서 밥을 푸고 냉장고에서 반찬을 꺼낸 뒤, TV 앞에 앉아서 홀로 밥을 먹어야 했던 유년 시절. 아낌없는 사랑과 따뜻한 보살핌이 필요했던 그때, 가은은 철저히 혼자였다.

아직 '외로움'이라는 단어조차 몰랐을 그때, 열 살 무렵의 어린아이는 집 안을 뒤덮은 쓸쓸한 공기를 내쫓기 위해 창문을 열어야만 했다. 바람결과 주변 소음에서 작은 인기척이라도 느끼려는 듯이. 부모님이 언제 오시는지, 그는 기다리고 기다리고 또 기다렸다.

만일 그때로 다시 돌아간다면 어땠으면 좋겠는지, 바라는 게 있냐는 질문에 가은은 망설임 없이 대답했다. "돈이 있었으면 좋겠어요. 그러면 부모님이 안 나가셨을 테니까."

이 말을 듣는데 울컥, 내 안으로 슬픔 덩어리가 들어왔다. 아, 이 아이는 정말 외로웠구나. 그때의 외로움이 지금도 몸 안에 남아 있구나.

기억은 선명하지만, 언제나 파편적이다. 어쩌면 우리가 정확히 알기 어려운 어떤 심리적 작용으로 기억 일부가 왜곡되거나 채색되었을 수도 있다. 가은의 기억에는 구멍들이 있었다. 그에게는 오빠와 여동생이 있다. 그러나 당시 오빠와 여동생은 어디에서 무엇을 하고 있었는지, 적어도 가은의 기억 속에는 존재하지 않았다. 남매들 간의 비밀스러운 연합이나 재미있던 놀이의 기억조차 없었다. 그렇지만 너무도 선명한 '기다림'의 기억. 그것은 설령 왜곡된 사실이라고 하더라도, 오늘날까지 외로움에 허덕이는 그의 마음에 대해서 분명히 말해 주는 바가 있었다.

그리고 가난. 가난은 부모님이 어째서 자신에게 충분한 돌봄과 사랑을 주지 못했는지를 이해하기 위해 가은이 스스로 찾아낸 설명이었다. 부모님이 딱히 돈을 버느라 늦을 수밖에 없으니 혼자 밥을 먹으라고 이야기했던 것은 아니었다. 그러나 그의 기억에 따르면, 어린 가은은 당시 부모님의 대화를 엿들으며 집안 사정을 눈치챌 수 있었다. '돈이 없으니까, 우리 집은 돈이 필요하니까 엄마 아빠가 늦게까지 일해야 하는구나.' 어린 가은은 그렇게 생각했다.

상담학을 공부하면서 스스로의 경험을 이리저리 짜 맞추며 이해하고자 노력해 온 가은은 자신의 어릴 시절 경험이 가족 간의 관계를 특별하고도 불편하게 만들어 왔다고 확신하고 있었다.

이제 부모님은 예전처럼 바쁘지 않다. 저녁이면 가족은 늘 함께 있다. 그러나 그에게 부모님은 이미 애틋하고 친밀한 존재가 아니었다. 요즘 들어 부모님이 "너는 왜 다른 집 아이들처럼 가족한테 따뜻하지 않니?"라고 타박할 때마다 가은은 당황스럽다. 언제부터 우리가 서로에게 따뜻했다고 갑자기 친밀함을 요구한단 말인가. 가족이라고 해서 친밀함이 저절로 우러나오나? "가족이라면, 서로 챙겨 주고 함께 밥을 먹는 게 당연하지 않니?"라고 부모님이 물을 때마다, 그는 멍할 수밖에 없다. 가은에게는 솔직히 가족과 함께 밥을 먹는 게 너무나 낯설기만 하기 때문이다.

> 제가 저녁에 어떤 음식이 먹고 싶어서 요리를 하고 있었어요. 그걸 해서 저녁으로 먹는데, "넌 왜 혼자만 먹니?" 이렇게 물으시더라고요. 저녁 시간에 자기 밥을 만드는 거잖아요. 내 밥을 내가 만들어서 내가 먹는데, 왜 혼자 먹냐는 소리를 들어야 하는 거죠? 되게 당황스럽기도 하고… 한편으로는 거꾸로 그런 게 저는 서운한 거예요. 그렇게 이야기하는 사람은 제가 혼자 먹어서 서운함을 느꼈겠지만, 저는 그렇게 이야기를 하는 데서 서운함을 느끼는 거죠. 그래서 '아, 정말 다르다…'.

부모의 돌봄이 필요한 어렸을 때부터 혼자 밥을 차려 먹는 게 익숙했던 가은에게, 이제 와서 가족과 함께 밥을 먹어야 한다는 부모님의 요구는 너무나 이상하게 느껴졌다. 어렸을 적의 기억. 그것은 실제로 그리 길지 않은 시간이었을지도 모르지만, 그의 마음속에서는 이미 굳어진 채 가족을 이해하는 프레임으로 자리 잡고 있었다. 알려고도, 이해하려고도 하지 않으면서 '넌 이상해'라는 시선으로 바라보는 가족이 그는 불편하기만 하다.

가은은 그 불편함을 '차이'라고 명명했다. "나와 가족들은 너무 달라요." 그러나 나에게는 그 말이 '가족들은 나를 전혀 이해하려 하지 않아요'라는 서운함 가득한 불평으로 들렸다.

가은은 가족 중에서도 특히 부모님과 화합할 수 없는 거리를 느꼈다. 어릴 적 외로움과 서러움에서 출발한 감정인지 몰라도, 그는 아버지 어머니의 성격도 이해하기 어려웠다.

아버지는 늘 할아버지와 할머니 등 원가족만 챙기고 자신이 만든 가족은 뒷전이다. 뭔가 중요한 일을 결정할 때마다, 아버지는 예외 없이 원가족의 결정에 따른다. 아내와 자녀들의 소외는 아무렇지도 않게 무시한다.

언제나 중심에 서기를 원하는 외향적인 어머니도 그는 이해하기 어렵다. 가은은 초등학교 때부터 중학교, 고등학교를 거쳐 대학교 때까지, 단 한 번도 중심에 서길 원해 본 적이 없다. 적극적이고 활달한 어머니는 그런 가은을 이상하게 쳐다본다. "너는 왜 맨날 뒷전에 서고, 나서서 뭘 하려고 하지 않니?"

사랑받아 본 사람이 사랑할 줄도 안다고 했던가. 부모가 그를 어딘가 내버렸던 건 아니지만, 적어도 가은에게는 부모의 사랑을 받아 본 기억이 없었다. 어렸을 적 사랑받은 기억의 부재 → 부모에 대한 서운함과 미움 → 소통하기 어려운 벽의 생성 → 외로움. 이런 흐름은 참으로 슬프고 안타깝다. 화살표가 하나라도 끊어지면 그의 외로움은 해결될 수 있을 테지만, 그것은 절대 쉬운 일이 아니다.

따뜻함과 사랑을 말하는 가족들을 가은이 지금이라도 포용할 수는 없을까? 그는 솔직히 그런 관계가 익숙하지도 않고, 가족들이 그럴 때마다 어찌할 줄을 모르겠다고 했다. 당황스럽고 불편하게 왜들 이러는 걸까… 그는 속으로 외친다. '당신들은 나에게 그렇게 애틋한 존재가 아니란 말이에요!' 그런데 그 말은 곧장 반사되어 그의 마음속에 덜컥이는 웅성거림을 만들어 왔다. '당신들에게 나는 단 한 번도 그토록 애틋한 존재가 아니었잖아요!'

섭섭함으로 인한 마음의 상처는 마음에 외로움을 낳는다. 섭섭함이 커서 쉽게 입 밖으로 내기도 어렵다. 더군다나 가까운 존재일수록, 우리는 섭섭함을 말하기가 어렵다. 말하지 않는 기간이 길어질수록, 이야기는 더 꺼내기 어려워진다.

안타까운 점이라면, 가은의 외로움이 그동안 가족 간의 노력으로 메꿔질 수도 있지 않았을까 하는 것이다. 만일 가은이 부모에게 자신의 상처에 관해서 편안하게 이야기할 수 있었다면, 그리고 부모가 상처받은 그에게 '그때는 진심으로 미안했어'라고 말하며 인정하고 보듬을 수 있었다면, 어쩌면 가은의 상처와 외로움은 이렇게 깊고 날카로운 모양은 아닐 수 있지 않았을까?

그러나 가은은 단 한 번도 이런 이야기를 부모에게 제대로 하지 않았다. 그러니 부모와 가은 사이에는 쉽게 무너질 수 없는 두꺼운 벽이 가로막혀 있었다. 그 두꺼운 벽은 가족 안에서 그의 외로움을 끊임없이 재생산하고 또 재확인시키고 있었다.

바람이 불면, 가은은 외로움에 몸이 저린다. 계절에 상관없이 해 질 녘 바람이 불면, 집 안에서 홀로 밥을 먹고, 소리 한 점 없이 적막한 공간을 홀로 견뎠던 그 시간이 떠오른다. 외로움에 소스라치게 놀랄 때면, 그는 충동적으로 원데이 클래스를 등록한다. 외로울 때 원데이 클래스라니, 어찌 보면 어울리지 않지만, 자기 관리에 철저하고 내면을 숨겨 온 그에게 새로운 배움은 외로움을 빨리 잊을 수 있는 손쉬운 출구다. 이렇게라도 무언가를 하지 않으면 외로움에 자신이 녹아서 사라져 버릴 것 같다고 했다.

가은은 가족을 떠나고 싶다. 독립해서 혼자 사는 것이 꿈이다. 그러나 스무 살이 한참 넘었지만, 적극적으로 집을 떠날 계획을 하지는 않는다. 현실적인 조건이 허락해 주지 않기 때문이다. 계속 학교에 다니기 위해서라도 아직 부모님에게 경제적 도움을 받아야 한다. 장학재단을 통해 일정 부분 학비를 마련하긴 하지만 그것만으로는, 아르바이트만으로는 생활을 독자적으로 꾸려 가기엔 부족하다. 그래서 그는 원치 않지만, 가족과 함께 살아야 하는 현실 속에 안주한다. 고민해 봐도 떠날 수 없는 곳이라면, 자신이 적응해야 한다고 생각한다.

너무 살기 싫다는 생각이 들어도… 결국 병나는 건 저라서 그런 생각을 안 하려고 해요. 왜냐하면… 싫다고 해도 실제로 할 수 있는 게 없으니까, 현실적으로 할 수 있는 것이 없으니까. 발버둥쳐 봐야 환경이 변할 것도 아니고, 사람들이 변할 것도 아니니까. 그럴 거면 '차라리 내가 생각을 바꿔서 편하게 살자'라고 생각하는 것 같아요. 같이 살기 싫다는 생각에 감정적으로 집을 나갔다가, 다시 돌아오게 될 수도 있잖아요. 혼자 있으니 편하다가 다시 돌아오게 되면 더 힘들 수 있잖아요. 그래서 '차라리 여기서 적응하는 게 낫지 않을까… 여기에 내가 맞춰 사는 게 낫지 않을까…' 그런 생각을 하는 거죠.

상담사를 찾아가 만나면서 스스로 상처를 치유하고자 애쓰는 가은의 노력이 결코 간단하지 않다는 것을 알기에, 나는 지금이라도 부모와 이야기를 나눠 보는 게 어떻겠냐고 차마 말하지 못했다. 어쩌면, 내게 말하지는 않았지만, 가은은 이미 여러 번 부모에게 이야기를 꺼내 봤을지도 모른다. 그럴 때 부모들은 종종 기억하지 못하거나 "내가 언제 그랬니? 너는 참 이상한 생각을 하는구나"라며 오히려 핀잔을 주어 상처를 더 곪게 만들기도 하지 않는가.

가까운 사람일수록, 가족일수록, 상대방의 이야기에 기분이 나쁘더라도 들어 줄 수 있어야 하는데, 우리의 가족은 참으로 그러지 못한다. 엄마로서, 아빠로서, 딸로서, 아들로서, 너무나 많은 의무와 책임이 주어지는 우리 사회에서, 상대방의 불평이나 비난은 너무나 큰 상처로 다가오기 때문이다.

"내가 얼마나 노력했는데, 네가 그런 말을 할 수 있니?" "내가 그때 얼마나 고통스럽고 힘들었는지 알아요?" 이런 말들은 어쩌면 한국의 가족 사이에서 해서는 안 될 금기어들인지도 모른다. 그 말이 누군가의 입 밖으로 내뱉어지는 순간, 사실 여부와 상관없이, 상대방의 가슴에 깊은 상처가 패어 버린다. 그리고 그 상처는 이상하게도 오래 가슴속에 남는다. 그만큼 우리가 가족에게 너무 큰 기대와 바람을 가지고 있는 것이다.

외롭거나 아니면 상처를 주거나. 우리에게 가족이라는 존재는 이토록 어렵고 힘들어야만 하는 걸까? 물론 가족 간에 언제든지 편안하게 이야기를 나누고 서로 사랑하는 집도 많을 것이다. 그러나 만일 가족으로 인해 외로움을 겪고 있다면, 한 번 그들을 가족이 아닌 남이라고 생각해 보면 어떨까? 그러면 그들로부터 받을 상처나 줄 상처를 덜 두려워하면서, 소통과 공감의 문을 살짝 열어 볼 수도 있지 않을까?

한국 사회에서 가족은 지나치게 끈끈하다. 또는 끈끈해야 한다는 믿음이 팽배해 있다. 그러나 과연 그런 관계가 바람직할까? 과거에 가족 외에 다른 의지할 대상이 없었을 시기에는 가족만이 유일하게 '믿을 수 있는' 사람들이라고 생각되었다.

그러나 한국의 가족에 관한 연구들은 지적한다. '끈끈한' 가족은 자연적이라기보다는, 1960~1970년대 국가나 사회에서 복지와 도움을 제공할 수 없던 시기에 어쩔 수 없이 형성된 특징이라고. 더군다나 전국 각지에서 사람들이 도시로 몰려오던 당시에, 개인들은 어디에서 왔는지 알 수 없는 주변의 낯선 사람들을 믿기 어려웠고, 생존을 위해서 가족이나 가까운 친척끼리 똘똘 뭉쳐야만 했다.

그러나 한국 사회는 변했다. 가족은 우리 대부분이 살아가는 둥지지만, 개인적 특성이나 여러 상황으로 인해 가족이 가장 친밀하고 믿을 만한 관계가 아닐 수도 있다. 어떤 상황이든 상관없이 가족 간의 관계를 가장 우선시하라는 요구는 오늘날의 사회에서는 부적절하다. 설령 가장 우선시하더라도, 나는 가족과도 적절한 거리를 두면서 상호 신뢰하고 이해하는 '쿨 트러스트'가 필요하다고 생각한다.

가은의 이야기를 들으면서, 나는 가은이 가족에 대해 느끼는 섭섭함이 어쩌면 그 역시 가족에 대한 기대가 많아서 생긴 것은 아닌가 하는 의문이 들었다. 가족이 가장 편안하고 나를 이해해 줄 수 있는 사람이어야 한다는 가정을 가지고 있는 한, 가족 바깥에서 더 가깝고 친밀한 사람을 찾지 못할지도 모른다. 어릴 적 외로움의 경험은 이미 지나간 것, 우리는 그것을 넘어서 앞으로 걸어가야 한다. 그 문제 속에 계속 침잠해 있는 한, 외로움은 오래 계속될 수밖에 없다.

어떤 사람은 가족 안에서, 또 어떤 사람은 가족 바깥에서 외로움을 줄이거나 해소할 수 있는 대상을 만날 수 있다. 우리에겐 많은 만남이 가능하고, 그것은 때론 우연처럼, 때론 노력을 통해 다가온다. 가족 안에서 이 문제를 해결하기 어렵다면, 바깥에서 다른 친밀함과 이해를 구해 보는 것은 어떨까? 그러면 혹시 바싹 마른 낙엽에도 촉촉한 이슬방울이 맺히는 순간이 다가올 수도 있다.

| 3장 |

튀어 오르는 공

평균을 향한 갈망

남의 기준에 맞춰 살다 보면 진정한 자기 자신을 볼 수 없다.
내가 어떤 재능이 있는 사람인지,
어떤 꿈을 꾸고 있는지, 그 꿈을 이루기 위해
지금 내가 집중해야 할 것은 무엇인지 보지 못하게 된다.

안데르센의 동화 〈미운 오리 새끼〉를 모르는 사람은 아마 거의 없을 것이다.

다른 평범한 새끼 오리들과 달리 회색 털에 몸집도 큰 못생긴 새끼 오리 한 마리. 형제들과 엄마에게 못생겼다며 미움을 받던 미운 오리 새끼는 마침내 무리를 뒤로하고 자신을 사랑해 줄 누군가를 찾아 떠난다. 그러나 만나는 동물마다 모두 오리가 못생겼다는 이유로 함께 놀아 주지 않는다. 미운 오리 새끼는 강물에 비친 자신의 모습을 바라보며 한숨을 내쉰다.

"난 태어날 때 무슨 죄가 있어서 이렇게 못생긴 걸까? 이런 나를 사랑해 주는 누군가가 있긴 할까?"

정처 없이 떠돌다가 겨울이 지난 어느 날, 미운 오리 새끼는 여느 때처럼 강물에 자신을 비춰 본다. 그런데 거기에는 못생긴 오리가 아니라 너무나도 아름다운 백조 한 마리가 있었다.

만일 우리가 미운 오리 새끼라면 어떨까? 적어도 자신이 백조라는 것을 깨닫기까지는 정말 외롭지 않을까? 인간은 사회적 동물이라서, 주변 사람들과의 관계에 많은 영향을 받는다. 그런데 만일 주변에서 나를 자신들과 다르다며 손가락질하고 함께 놀아 주지 않는다면, 당연히 외롭고 쓸쓸할 것이다. '외톨이'라는 말이 이만큼 적절할 수가 없다.

여름이 다가오는 게 몸으로 느껴질 만큼 더운 어느 날이었다. 도형(가명)에게 전화를 걸자 ○○은행의 통화 연결음이 들려왔다.
"제가 된 건가요? 정말 감사합니다!"
나는 웃으며 도형과 간단히 인사를 나눴지만, 인터뷰 일정을 잡을 수는 없었다. 그는 바삐 회사에 출근하는 중이었다.
다음 통화에서도 상황은 마찬가지였다. 그는 업무 때문에 어디론가 이동하고 있었다. 전화기 너머로 숨 가쁜 그의 일상이 느껴졌다. 다시 한번 약속을 미뤄야 했다.
나는 약간 의아했다. 이처럼 정신없이 바쁜 와중에, 굳이 낯선 이에게 자신의 외로움을 털어놓고자 하는 까닭은 무엇일까? 어떤 사람인지 궁금해졌다.

드디어 만난 날, 그는 서글서글한 웃음을 보이며 인사를 건넸다. "일찍 도착할 줄 알았는데 버스를 잘못 타서요, 이런 일이 잘 없는데⋯."

호탕한 목소리였다. 칼라 있는 줄무늬 티셔츠에 면바지를 입은, 평범한 중년 남성의 모습이었다. 조금 작다 싶은 키에 약간 벗어진 머리, 그리고 다부진 몸매. 어느 정도 자리 잡은 직장에 아내와 아이가 있는 삶을 누리는 한국의 보통 40대 남성이었다.

지난 전화 통화에서 계속 바쁜 것 같았기에 먼저 회사 일에 관해 물었다. 도형은 은행에서 대출 업무를 맡고 있었다. 업무에 관해 이야기하는 도형의 모습은 자신감이 넘쳤다. 대출 판매 성과가 좋아서 언제나 최우수 사원인 그는 누구보다 먼저 출근해서 업무를 준비하는 사람이었다. 출근 시간이 9시인데 매일 한 시간 일찍 도착한다고 했다.

게다가 도형은 자수성가했다. 누군가의 도움을 받거나 학력이 높아서가 아니라 그야말로 혼자 노력으로 성공한 사람이었다. 어렸을 적 그의 집은 몹시 가난했다. 초등학생 때 그의 가족은 두 칸짜리 방에서 지냈다. 할머니, 부모님, 큰형과 작은형, 도형까지 여섯 식구가 살기에는 비좁은 공간이었다. 그러나 어렸을 때 그는 가난이 무엇인지 정확히 알지 못했다. 좀 더 커서 친구 집에 놀러 갔을 때에야 비로소 그는 자신의 집이 가난하다는 것을 알았다.

학교에 다니는 아들 셋이 있었지만, 도형의 집에는 책상이 하나도 없었다. 상이라고는 여섯 식구가 함께 밥을 먹는 작은 밥상이 전부였다. 그래서 책을 펴 놓고 숙제를 하기도 여간 어렵지 않았다. 그런데 친구 집에 가 보니, 공부할 수 있는 책상이 있을 뿐만 아니라 친구가 방을 혼자 쓰고 있었다. 그 모습을 보고 그는 얼떨떨했다. '방을 혼자서도 쓸 수 있는 거구나.'
그때부터 도형은 집에 들어가기가 싫었다. '왜 우리 집은 이렇게 살아야 하지?' 이상했지만, 어린 나이에 그 답을 알기란 쉽지 않았다. 공부해야 할 때는 친구 집이나 독서실에 갔다. '왜 내 인생은 이렇게 귀찮고 피곤하지?' 어린 도형은 독서실에서 그런 생각을 했다.

도형은 경제학과에 진학했다. 경제학을 배운 뒤 졸업하면 좀 더 나은 삶을 살 수 있을 것이라는 기대가 있었다. 하지만 대학에 입학해서도 상황은 나아지지 않았다. 오히려 더 불편해졌다. 원래 살던 집이 재개발로 철거되자, 할머니를 제외한 그의 가족 모두 반지하 방으로 이사 가야 했기 때문이다. 다섯 명이 작은 반지하 방 하나에서 살게 되었다. 큰 침대 하나에서 큰형과 도형이 잤고, 부모님과 둘째 형은 바닥에서 잤다.

20여 년이 흘렀는데도, 도형은 그때 느꼈던 감정을 생생하게 기억했다. 햇빛이 전혀 들지 않고 환풍도 되지 않아 어둡고 습한 공기가 가득했던 방, 그 방은 지금도 도형을 답답하게, 때로는 우울하게 만들었다.

일부러 비교한 건 아니었지만, 남들에 비해 귀찮고 피곤하기만 한 삶이었다. 도형의 삶을 암울하게 만든 요인 중에는 부모님도 있었다. 부모님은 도형의 생일날 케이크 한 번 사 준 적이 없었다. 심지어 그는 열여덟 살이 되어 주민등록증을 만들 때가 되어서야, 정확한 자기 생일을 알 수 있었다. 주민센터 직원이 주민번호가 틀렸다며 도형에게 진짜 생일을 알려주었다. 가난 때문이라고 하기엔, 지나치게 무뚝뚝하고 자식에게 무관심한 부모였다.

다섯 가족이 방 하나에 옹기종기 모여 살았지만, 딱히 대화를 나눈 적도 없었다. 인간이 아니라 마치 동물인 것처럼, 그렇게 '처참하게' 살았다.

가난한 집안 사정은 도형이 대학에 입학하자 더욱 도드라졌다. 강남에 사는 친구들은 완전히 다른 세상 사람들 같았다. 그는 어렸을 적 길가에 늘어선 아파트를 보며 저곳에는 도대체 어떤 사람들이 사는지 궁금했다. 그런데 대학에 가 보니 그렇게 상상만 했던 사람들이 실제로 존재했다. 친구 집에 놀러 가면 드라마에서만 보았던 넓은 2층집에 고급 외제 차가 있었다. 상상도 못했던 부의 실체를 대학생이 되어서 처음 느낀 것이다. 세상은 생각보다 너무나 거대한 곳이었고, 자신은 스스로 작고 초라하게만 느껴졌다.

당시 게스 청바지가 유행이었어요. 대학에 들어가기 전에는 전혀 몰랐죠. 사람들이 많이 입고 다니길래 친구에게 "구에스가 뭐야?"라고 물었더니 웃으면서 '게스'라고 고쳐 주더라고요. 그래서 제가 "뭘 추측하는데?"라고 되물었죠. (웃음) 알고 보니 진짜 비싸더라고요. 아직도 기억해요. 65,000원, 6만 원이 넘는 청바지를 파는 세상을 제가 몰랐던 거죠. 결국

엔 여름방학 때 먼지 뒤집어써 가며 일해서 저도 하나 샀어요. 폴로 티셔츠까지 세트로 장만했죠.

스스로가 작게 느껴지는 마음. 거기에는 도형의 왜소한 체구도 한몫했다. 그는 인터뷰 중에도 "내가 다른 사람들보다 작아서 사람들이 무시했던 것 같다"는 이야기를 반복했다.

초등학생 시절 그의 키는 99센티미터였다. 체구가 너무 작아서 한번은 시골 논에 넘어졌는데도 벼가 멀쩡히 서 있을 정도였다고 한다. 체구가 작다 보니 체력도 또래 친구들보다 약했다. 잔병치레도 잦고, 운동도 잘하지 못했다. 친구들과 다툼이 있을 때면, 그들에 비해 물리적으로 힘이 달린다는 생각에 늘 두려운 마음이 앞서곤 했다. 스스로 부족하다는 느낌 때문에 친구들과 어울리기도 쉽지 않았다. 적어도 다른 사람들과 비슷해 보일 만큼은 키가 크고 싶었다.

왜소한 체구든 뚱뚱한 체형이든, 몸은 우리를 외롭게 만드는 주범이 될 수 있다. 미운 오리 새끼도 결국 몸의 차이로 인해서 소외감을 느끼지 않았던가. 몸으로 인한 소외감은 우리 사회가 차이를 다름 그 자체로 받아들이지 못하고 위계를 지우다 보니 어쩔 수 없이 겪게 되는 감정이다. 미운 오리 새끼처럼 운 좋게 나중에라도 자신의 몸이 다른 오리들보다 더 아름다워진다면 문제가 달라지겠지만, 우리 인간은 일반적으로 몸의 특징을 평생 가지고 살 수밖에 없고, 그래서 몸으로 인한 소외감은 더 깊숙이 뿌리를 내릴 수도 있다.

도형이 군대에 다녀올 때쯤, 집안 형편은 좀 나아졌다. 두 형이 돈을 벌기 시작하면서 경제적으로 여유가 생긴 것이다. 당시 대학생들 사이에서 어학연수 붐이 일었는데, 마침 호주에 어머니 친구가 살고 있었다. 그때 호주에서는 한 달에 80만 원 정도면 혼자 살기에 충분했다. 사실상 서울에서의 생활비와 큰 차이 없는 금액이었다. 넉넉한 형편은 아니었지만, 그렇게 그는 호주로 떠날 수 있었다.

호주로 어학연수 다녀온 이야기를 하는 동안 그의 입가에는 미소가 떠나지 않았다. 그만큼 호주에서의 삶은 행복했다. 한국에서는 끊임없이 비교당하고, 수많은 경쟁 속에서 어떻게든 살아남아야 했기에 늘 피곤했다. 남들만큼 잘하지 못할 땐 자신의 부족함을 탓할 수밖에 없었다. 그러나 외국인으로서 현지 사회에서 자연스럽게 이방인이 될 수 있었던 호주에서는 다른 사람과 비교당하는 일 따위는 없었다. 처음으로 '자유'를 느꼈다.

호주에 가서 '자유'에 눈을 뜬 거죠. 공부에 대한 압박이 없었어요. 영어만 좀 열심히 하면 됐는데, 한 달 정도 살아 보니 말문이 트이더라고요. 그 외의 모든 생활에 누구도 터치하지 않았어요. 서로 관심도 없고요. 영어 공부라는 목적을 하나 이루고 나서는 정말 열심히 놀았어요. 햄버거랑 피자도 실컷 먹었죠. 4달러면 살 수 있는 피자 한 판을 3일은 먹었으니 돈 걱정도 없었어요.

호주에서의 생활은 행복했지만, 영원히 계속될 수는 없었다. 한국으로 돌아온 도형은 다시 깊은 우울감에 빠졌다. 한국에서의 삶은 또다시 끊임없는 비교의 굴레였다. 학교에 돌아왔으니 열심히 공부해야 했지만, 똑같은 교수에 똑같은 학교, 똑같은 친구들과 권태로운 일상은 따분하기만 했다. 그리고 다시 시작된 그들과의 비교 속에서 스스로 느끼는 부족함 때문에 괴로웠다. 결국 도형은 전공인 경제학을 포기하고 대학을 중퇴했다.

그는 특채로 회사에 입사했다. 비록 대학은 중간에 그만두었지만, 대신 금융 관련 자격증을 열한 개나 취득해 은행에 취업이 되었다. 하지만 직장 생활은 대학 생활의 연속일 뿐이었다.

끊임없는 비교와 눈에 보이는 경쟁들. 그런 분위기 속에서 다들 대학 졸업자인데 혼자만 중퇴 학력이다 보니, 상사의 인정을 받거나 진급하기가 쉽지 않았다. 회사 안에서 별로 중요하지 않은 일만 반복적으로 하는 신세였다. 날이 갈수록 일을 잘하는 것과 별개로 '인정받을 수는 없다'는 자괴감이 스스로를 괴롭혔다.

> '보이지 않게'가 아니라 '보이게' 밀리는 거예요. 내가 업무를 못하는 것도 아닌데, '나는 더는 필요 없는 존재인가?'라는 생각이 드니 버틸 수 없더라고요. 나이가 들수록 더 심해졌죠.

도형은 술을 잘 마시지 못했다. 그렇지만 회식 자리에는 빠지지 않았다. 누군가 강요한 것은 아니었지만, 동료들의 인정을 받기 위해서 꼬박꼬박 참석했다. 그의 마음을 옭아매고 있는 것은 스스로가 부여한 갈망이었다. 인정받고자 하는 갈망. 도형은 자신이 소속된 사회로부터 인정받기 위해 '죽도록' 열심히 일했다. '언젠가는 사람들이 알아주겠지…' 하는 실낱 같은 희망을 붙들고서 말이다.

어느 날 도형은 SNS에서 한 친구가 올린 사진을 보았다. 친한 친구들 여럿이 함께 산에 올라가 찍은 사진이었다. 그들의 얼굴에는 행복이 가득해 보였다. 그 행복은 자신에게는 없는 '여유'에서 나오는 것 같았다. '어릴 땐 내가 쟤네보다 공부도 잘했던 것 같은데. 내가 더 잘 살 수 있을 것 같았는데….' 부러움 섞인 한탄이 도형의 머릿속을 뒤흔들었다.

끊임없이 인정을 갈망해 온 그는 여유를 느껴 본 적이 없었다. 자유롭게 등산 갈 수 있는 친구들의 삶이 부러웠다. 계속 지금의 직장에 머문다면, 친구들이 누리는 여유를 평생 얻을 수 없을 것 같다는 생각이 들었다.

마침 은행에서 맡은 업무에서도 권태로움을 느끼고 있었다. 대출 업무는 그가 잘할 수 있는 일이었지만, 반복적으로 해야 하는 일이 너무나 많았다. 그런 권태에서 벗어나기 위해 다른 업무로 바꿔 달라고 요청했지만, 상사는 "잘하는 거 하지, 뭘 바꾸려고 해?"라며 단번에 거절했다. 그런데 상사는 그렇게 말하면서 웃고 있었다.

자신이 오랜 고민 끝에 어렵게 꺼낸 부탁을 대수롭지 않다는 듯 웃어넘기는 것을 보면서, 상사가 자신의 마음을 전혀 몰라준다는 생각이 들었다. '잘하는 거 하라'는 말도 그를 칭찬하는 것이 절대 아니었다. '어떻게 대해도 대수롭지 않은 사람, 그게 바로 나구나' 하는 깨달음이 도형의 머릿속을 번개처럼 내리쳤다.

그 후로는 회사 동료들과 어울리지 않았다. 그들과 아무런 이야기도 나누고 싶지 않았다. 그저 업무적인 관계만 최소한도로 유지했다. 자연스레 도형은 회사에서 혼자가 되었다. 마침 코로나19 때문에 함께 모여 식사하는 자리가 줄어들어 더 편안했다. 코로나는 굳이 다른 사람들을 마주 대하고 싶지 않았던 그를 말 그대로 '혼자' 있게 해 주었다.

그리고 마침내 도형은 퇴사를 결심했다. 젊은 직원들은 회식 자리를 거절하면서 심지어 "술 싫어해요. 집에 가서 게임이나 할래요"라고 당당하게 말하는데, 회사 안에서 사회적 인정을 갈구하며 자기 의견 말하기조차 두려워하는 자신이 한심해 보였다. 계속 이렇게 살아서는 안 되겠다는 생각이 점점 분명한 퇴사 결심으로 이어졌다.

퇴사한 그날, 아내가 막 울더라고요. 저도 두려웠지만 어쩔 수 없었어요. 부모님께도 이제 숨 막혀서 못 다닐 것 같다고 말씀드렸죠. 통장에 돈은 많이 들어오지만 불행하다고. 계속 그렇게 살다간 제 삶에 행복은 영영 없을 것 같았거든요.

앞으로 무슨 일을 할 계획이냐고 묻자, 도형은 펀드매니저를 할 생각이라고 대답했다. 지금까지의 삶이 그저 주어진 대로 남들에게 맞춰 가면서 사는 삶이었다면, 앞으로는 꿈을 꾸면서 승부를 내 보고 싶다고 했다. '꿈'에 관해 이야기하는 그의 표정에서 굳은 의지와 더불어 아이처럼 순수한 갈망이 보였다.

> 한번 내 손으로 크게 승부를 내 보고 싶다는 생각이 들어요. 어떻게 저렇게 많은 돈을 벌지? 궁금해서 찾아봤어요. 공부해 보니 저도 할 수 있을 것 같더라고요. 대학 갈 때도, 직장에서도 죽을 만큼 치열하게 살았는데, 이 생활을 계속 버틸 수 있을지도 모르겠고… 한번 뒤집어 보고 싶은 마음인 거죠. 사실 전 이룬 것도 많아요. 이미 집도 있죠, 좋은 차도 있죠, 아내를 만나 부족하지 않은 가정도 꾸렸죠, 직장에서 최우수 사원도 됐죠.

그는 비로소 자신을 긍정하고 있었다. 나는 그의 외로움이 이제 곧 사라질 거라고 굳게 믿는다. 그동안의 외로움은 주변과 비교해 자신이 사랑받지 못한다고 느끼는 '미운 오리 새끼'의 외로움이었기 때문이다. 이미 스스로 오리가 아닌 백조라는 것을 희미하게나마 깨닫기 시작한 도형에게, 외로움은 이제 과거의 이야기가 될 수 있다.

나는 무엇보다 도형이 자신의 외로움의 원인이 무엇인지 스스로 깨달았다는 점에서 기쁘고 또 존경스러웠다. 그는 명확히 알고 있었다. 남과 비교하려는 태도, 남들처럼 살고자 하는 마음, 그 마음이 그를 끊임없이 남들로부터 인정받기를 갈구하도록 만들었다. 그런데 그런 삶은 끝이 없는 무한 순환 고리일 따름이다.

남의 기준에 맞춰 사는 삶은 진정한 자기 자신을 볼 수 없도록 만든다. 내가 어떤 재능이 있는 사람인지, 어떤 꿈을 가진 사람인지, 그리고 그 꿈을 이루기 위해 지금 내가 집중해야 할 것은 무엇인지 보지 못하게 되는 것이다. 100세 시대라지만 자신의 꿈을 찾고 또 이루기에 우리의 삶은 전혀 길지 않다. 내가 관심을 기울이고 노력해야 하는 일들에 써야 할 시간은 소중하고도 귀하다.

평범한 중년 남자처럼 보였던 도형은, 이처럼 삶의 지혜를 깨달았다는 점에서 절대 평범하지 않았다. 어려운 가정환경과 주변의 무시 속에서도 늠름하게 성과를 내 온 도형은 분명히 앞으로의 삶에서도 자신의 꿈을 멋지게 이뤄 낼 것이다. 떠나가는 그의 뒷모습을 보며, 나는 그가 미래의 언젠가 지을 만족스러운 함박웃음이 떠올라 빙그레 미소를 지었다.

| 4장 |

화려한 보랏빛 속 차가운 블루

코로나와 상실

상실을 겪은 사람은 허무함을 경험한다.
매일 자연스럽게 행하던 일들이 전부 무의미하게 느껴진다.
상실한 사람을 무리하게 잊으려 하지 말고, 좋았던 기억을 되살리면서
마음속에 잘 간직하도록 애쓰는 게 도움이 된다.

햇살이 밝은 금요일 오후, 라희(가명)를 만났다. 풍성한 붉은색의 긴 머리를 레이스 달린 집게 핀으로 멋스럽게 올려 묶은 그는 하늘거리는 검은색 원피스를 단정하게 입고 있었다. 어딘지 모르게 우아하고 고풍스러운 분위기가 느껴지는 라희는 그야말로 나른한 오후의 밝은 햇살과 어울리는 사람이었다. 마치 오귀스트 르누아르의 화폭에 등장할 법한 여인 같은.

　라희는 인스타그램 피드로 우리 인터뷰 소식을 접했다고 했다. 평소 밝은 에너지가 가득한 사람인데, 요즘은 외로움과 쓸쓸함을 많이 느끼고 있었다. 그에게는 어떤 문제나 어려움이 생기면 털어놓을 수 있는 관계가 가까이에 셋이나 있었다.

그런데 웬일인지 요즘은 그들에게 고민을 털어놓아도 답답한 마음이 시원해지지 않았다.

> 저는 고2 아들과 중3 딸이 있는 엄마예요. 제 일과는 요일마다 조금씩 다르지만, 보통 6시에 일어나서 책을 읽고 7시에는 가족들 아침 준비를 해요. 제가 출근이 한 시간 늦거든요. 이후 제 출근 준비를 하고 먼저 작은 아이를 학교까지 차로 데려다줘요. 그리고 다시 돌아와서 강아지 빗질을 해 주고 출근하죠. 일곱 시간 동안 회사에서 일하다가 퇴근하면 운동을 가거나 책을 읽어요. 퇴근 후 일주일에 두 번은 벨리댄스를 하러 가요. 벨리댄스를 가지 않는 날엔 블로그 글을 쓰거나 줌으로 온라인 소통을 하죠.

큰 틀에서는 단조로운 일상이라고 볼 수도 있겠지만, 라희의 일과는 상당히 바빴다. 기본적으로 가족들을 돌보고 뒤치다꺼리하는 엄마로서의 삶을 살면서, 동시에 직장 생활과 취미 활동까지 모두 열정을 다하고 있었다. 그는 맡은 일을 성실히 하기 위해 노력할 뿐 아니라, 자기 계발도 부지런히 하는 사람이었다. 출퇴근하는 직장 외에도 라희는 한 온라인 공부 모임의 관리자 역할을 맡고 있었는데, 매일 줌에 들어온 회원들의 출석을 체크하고 모임이 잘 진행되도록 살폈다. 프로그램만 다룰 줄 알면 누구나 할 수 있는 쉬운 일이라고 말할 수도 있겠지만, 사실 웬만한 성실성과 책임감이 없다면 맡기 어려운 일이다.

사실 라희에게는 SNS 및 온라인 모임이 큰 의미가 있었다. 꾸준히 업데이트하는 블로그에서 이웃들과 끊임없이 소통하고, 인스타그램에도 사진과 글을 올리면서 팔로워들과 소식을 주고받는 일들이 그에게는 큰 즐거움이었다. 실제로 그는 1천 명에 가까운 팔로워를 보유하고 있었는데, 잠시 살펴본 그의 인스타그램은 정성이 가득 들어간 듯 아기자기하게 꾸며져 있었다.

> 제가 느끼기론 제 외로움은 '코로나 블루'에서 오는 것 같아요. 코로나 바이러스 확진이 되고 나서 일주일 격리 후 회사로 돌아왔는데, 그 후로 회사 생활이 영 쉽지가 않아요. '위드 코로나' 되기 딱 직전, 끝물에 걸렸거든요.

일주일의 격리 기간 동안 그는 혼자만의 시간을 보내야 했다. 회사를 쉬니 한편으로는 편하기도 했다. 문제는 격리 기간이 끝나고 회사로 돌아온 뒤였다. 그가 지금 하는 일은 교육 관련 업종으로 혼자 하는 업무였다. 같은 공간에 다섯 사람이 있지만, 업무가 서로 분리되어 있어 서로 대화할 일이 없었다. 각자 주어진 업무만 하다가 시간이 되면 홀로 퇴근했다.

그런데 갑자기 이런 고립된 일상이 너무 낯설고 무섭게 느껴졌다. 2년 전에는 함께 점심도 먹고 차도 마시면서 이야기할 수 있는 친한 동료들이 있었는데, 인사이동으로 지금은 다 곁에 없었다. 라희는 사람들과 함께하던 일상이 그리웠다. 고립감은 회사에서 전체 회식을 한다고 했을 때, 더 크게 거대한 충격으로 다가왔다.

정말 자유롭게 혼자 살았는데, 코로나 격리가 해제되고 나니까 회사에서 기다렸다는 듯 전체 회식을 한다는 거예요. 그런데 제가 일하는 공간은 메인 사무실도 아니고, 전 다른 사무실 사람들이랑 큰 교류도 없거든요. 전체 회식이라고 하면 전체가 다 같이 모이는 자리잖아요? 순간 누구와 회식 자리에 가고, 어느 테이블에 앉아야 할지 고민이 되는 거예요. 아무도 같이 갈 사람이 없다는 사실이 굉장히 충격적이었어요.

그는 할 수만 있다면 어디든 숨고 싶었다. 함께 가고 싶은 사람도 없는 회식 자리에 억지로 끼어 앉아서 무얼 한담? 아무리 생각해도 자기 혼자 소외된 채 구석에 앉아 있을 게 뻔했다. 그렇다고 다른 사람들이 무리 지어 깔깔대며 떠들고 웃는 모습을 구경하고 싶지도, 거기 끼어들고 싶지도 않았다. 전체 회식에 가는 척하다가 몰래 딴 길로 빠져야 하나? 만일 꼭 가야 한다면 누구 옆에 앉아서 무슨 말부터 해야 하지? 이런 상황에서 누구에게 도움을 받을 수 있을까?

이런저런 고민에 머리가 펑 터져 버릴 것 같았다. 그냥 회식 자리가 없어졌으면 좋겠다는 간절한 바람만이 마음속에 가득했다. 하루하루 회식 날짜가 다가올수록 그는 불안했고, 급기야 가슴이 두근거리는 증상까지 나타났다.

라희에게는 우울감이라기보다는 낯선 공포에 가까웠지만, '코로나 블루'는 전 세계 많은 사람에게 다양한 형태로 나타났다. 코로나 블루란 코로나를 겪으면서 경험하게 되는 우울감을 뜻한다. 병원에서 진단받는 우울증처럼 직장 업무나 일상생활을 어렵게 하는 정도는 아닐 수 있지만, 집에 장기간 머물면서 좁은 공간에서 여러 사람이 부대끼거나 온라인에서 부정적인 메시지를 자주 접하게 되면 우울감을 느낄 수 있다. 외부 생활이나 운동이 부족해지면서, 감정적 에너지가 고갈되고 쉽게 피로감이나 분노를 느끼게 되기도 한다.

  우울감 외에도 코로나 때문에 갑자기 인간관계가 툭 끊어져 버리면서, 적든 많든 사회적인 활동을 통해 일상을 누리던 사람들은 느닷없는 일상의 파괴를 경험했다. 라희처럼 밝은 에너지 속에서 사람들과의 교류를 기뻐하는 사람에게는 더 큰 충격이었을 것이다.

  코로나로 인해 오프라인보다는 온라인에서 주로 시간을 보내다 보니, 라희는 온라인 세계가 훨씬 익숙해졌다. 이런 현상은 라희에게만 나타난 것은 아니었다. 대면 관계가 갑자기 사라지게 되니, 처음에는 어찌할 바를 모르고 당황하는 사람이 많았다. 특히 직장에서 퇴출당하거나 갑자기 재택근무를 해야 하는 상황, 또는 아이를 맡길 곳이 없는 사람들에게 변화는 커다란 충격일 수밖에 없었다.

  그러나 인간은 어떤 생명체보다 환경 적응력이 뛰어나다. 코로나 기간이 계속되면서, 사람들은 점차 바뀐 환경에 적응하기 시작했다. 온라인으로 학습을 하거나 회의에 참석하는 것이 점점 더 편하고 익숙해졌다. 특히 온라인에 친숙하고 의미 있는 활동 공간이 있는 사람들은 더 적응이 쉬웠다. 그들 중에는 거리두기가 끝난 다음에도 오히려 온라인에서의 관계와 생활을 선호하는 이들도 있다.

라희는 사회적 거리두기 이후 오랜만에 만나자는 친구들과의 약속도 핑계를 대고 나가지 않는 일이 많아졌다. 그러다 보니 친구들과의 약속도 하나둘 사라지고 말았다. 몇 달 후 거리두기 조치가 완화되었지만, 그 친구들과 예전만큼 밀접한 관계를 회복하기가 어려웠다.

라희는 이제 줌을 켠 채 먹고 마시고 이야기하는 '온라인 파티'가 더 즐겁게 느껴졌다. 그러나 역시 한편으로는 급작스레 변해 버린 이 상황이 왠지 창피했다. 가끔 연락을 주고받는 친한 친구들에게도 자신의 상태를 전할 수 없을 만큼.

> 이건 마치 그런 느낌이에요. 밥상보를 덮어 놔서 모르고 있었는데 갑자기 누군가 시간이 됐다고 이제 열어야 한다고 해서, 짠! 막무가내로 밥상보를 열어 버린 느낌.

부끄러움은 과거의 기억을 끌어낸다. 이 느낌은 마치 학창 시절, 새 학기가 될 때마다 느껴지던 그것과 흡사했다고 라희는 회상한다. 활달했지만, 학기 초마다 친구 사귀기가 어려웠던 그는 매번 어쩔 수 없이 다른 친구들을 오래도록 관찰했다.

뒤늦게 친해진 친구들은 그에게 "넌 좀 세 보이는 이미지야", "너한텐 말을 못 붙이겠었어"라고 말했다.

그는 그런 이야기들을 들으며 성장했고, 자신의 이미지에 관해서 오랜 시간 고민했다. 성인이 된 후에도 타인이 바라보는 그의 이미지는 크게 바뀌지 않았다. 무엇보다 그의 가족들 또한 남들과 크게 다르지 않은 시선으로, 언제나 강하고 활달한 사람으로 그를 대했다.

> 사실 저를 먼저 그렇게 낙인 찍고 본 사람은 엄마였어요. 저는 굉장히 외향적인데, 오빠는 내향적인 사람이었거든요. 그래서 엄마가 차별을 많이 했어요.

자기 존재를 드러내고 싶어 하는, 한시도 가만히 있지 못하고 뛰어다니는 활달한 아이. 라희는 어릴 적 자신을 그렇게 설명했다. 반면, 두 살 터울인 오빠는 왜소한 몸에 내향적인 성격이었다. 라희는 아무거나 잘 먹는 아이였다면 오빠는 입도 짧았다.

그래서인지 어머니는 구석 자리에서 조용히 자리를 지키는 오빠만 챙겼다. 남매이긴 했어도 기질 차이가 워낙 심하다 보니, 어머니는 주로 약하고 예민한 오빠에게 마음을 쓴 것이다.

그리고 라희가 말하지는 않았지만, 많은 어머니가 그렇듯, 어쩌면 아들이라는 이유로, 혹은 첫째라는 이유로 라희보다는 오빠에게 무의식적으로 더 애정이 갔을지도 모른다.

어머니와의 관계에서 채워지지 않는 무언가가 늘 귀염받고 사랑받고 싶은 라희의 마음을 허기지게 했다. 대놓고 차별까지는 아니었지만, 어머니는 오빠의 의견만 존중했고, 라희가 원하는 것이나 하고 싶은 것은 잘 지원해 주지 않았다.

라희는 오빠를 질투했다. 오빠가 아직 키가 작았을 때 그는 종종 오빠를 힘으로 제압하곤 했다. 그러나 점차 나이가 들면서 거꾸로 오빠가 그에게 무력을 쓰는 일이 많아졌다. 오빠를 피해 다니다가 얻어맞는 날이면 그는 곧장 어머니에게 달려가 오빠의 잘못을 일러바쳤다. 그러나 그때마다 어머니는 오빠의 편을 들었다.

어떤 학자들은 성인의 외로움 기질이 어렸을 적 부모로부터, 특히 어머니로부터 '충분한 사랑'을 받지 못한 결과라고 말하기도 한다. 나는 이런 설명에 대해 딱히 동의하지는 않는데, '충분한' 사랑이라는 기준이 매우 주관적이기 때문이다. 어머니들은 각자 처한 상황에서 자기 나름대로 최선을 다해 사랑을 주는 것이 아닐까? 반대로 아이 입장에서는 아주 예외적인 경우를 제외하고는 늘 어머니의 사랑이 부족하다고 느끼는 게 아닐까?

그래서 어머니는 외로움을 겪는 성인이 그 원인을 파고 들어가면 항상 등장하는 단골 메뉴가 되기 십상이다. 어쩌면 쉬운 '탓'의 대상이기도 하다. "엄마, 왜 나를 더 사랑해 주지 않았어? 엄마가 그때 안 그랬다면, 나는 지금 이렇게 외로움으로 허덕이지 않을 텐데." 칭얼거리는 아이의 마음이 어른이 된 후에도 남아 있는 것이다. 어머니는 그렇게 마음대로 칭얼거리고 나의 슬픔을 따져 물을 수 있는 존재인 것이다.

왜 오빠만 예뻐하는 건지 라희는 이해하기 힘들었다. 어머니의 부족한 사랑이 늘 한스러웠던 그는 성인이 된 후 술기운을 빌려 어머니에게 따져 물었다. "어렸을 적에 왜 오빠만 그렇게 예뻐했어요?" 어머니는 "말도 안 되는 소리를 한다"며 손사래를 쳤다. 라희의 서운한 마음을 어루만져 주기는커녕 그런 일이 아예 없었던 것처럼 무시했다.

이후에도 몇 번이나 어머니에게 항의해 봤지만, 서운함은 쉽게 해소되지 않았다. 그래도 안에 있던 불만을 다 드러내고 나니 오빠를 향한 원망은 조금씩 옅어졌다. 오빠를 객관적으로 바라볼 수 있게 된 것이다. 어쩌면 늘 말없이 엄마의 치마 폭에만 싸여 있는 것으로 보였던 오빠 또한 외로웠을 것 같았다. 마음의 벽을 허물고 나니 오빠와 마음을 나누는 일은 어렵지 않았다. 수많은 대화 끝에 두 사람은 마침내 서로를 가장 잘 이해하는 친구가 되었다.

> 오빠랑 자주 만나서 놀았어요. 각자 애인을 데려와 넷이서 재밌는 시간을 보내기도 했죠. 좀 더 시간이 흐른 뒤에야 오빠한테 다 솔직하게 얘기했어요. 어렸을 땐 엄마의 차별 때문에 오빠가 얄밉기도 했지만, 난 원래 오빠를 좋아했었다고요. 그러니까 오빠가 자기도 마찬가지라고, 절 이해한다고 하더라고요. 그 말이 되게 좋았어요.

두 사람은 각자 이른 나이에 결혼했다. 오빠는 결혼 후 외지에서 생활하며 가정을 꾸려 갔다. 개인 사업을 하다 보니 고민거리도 많고 직접 부딪쳐서 해결해야 할 일도 많았다. 낯선 외지에서 생활하는 게 힘겨울 때면, 오빠는 라희에게 전화를 걸어 안부를 물었다. 두 사람은 거의 매일 저녁 전화로 소식을 주고받았다. 그는 오빠의 전화를 진심으로 반겼다.

주말이면 그는 외로운 오빠를 위해 자신의 가족과 함께 오빠의 집을 방문했고, 오빠도 쉬는 날이면 라희의 가족과 함께 시간을 보냈다. 남매 사이가 이렇게 소중한 친구가 될 수 있다니, 어렸을 때는 상상도 못했던 일이었다. 그는 오빠와의 관계가 참 고맙고 행복했다.

그런데 이제 그렇게 못해요. 오빠가 사고를 당했거든요. 그래서 하늘나라로 갔어요, 2년 전에.

잠시 머뭇거리다 힘겹게 말문을 연 그가 말했다. 오빠가 어느 날 물었다고 한다. "사는 게 너무 힘든데, 오토바이를 타면 안 될까?" 평소 제임스 딘을 동경했던 오빠. 그는 오빠가 말려도 듣지 않을 것을 알고 있었다. 오토바이를 한번은 꼭 타 보고 싶다는 오빠의 마음을 이해하며 "조심해서 타야 한다"고 당부만 했다. 그러나 오빠는 오토바이를 산 지 몇 달 안 돼 사고를 당했고, 꽤 오랜 시간 혼수상태에 빠져 있었다.

의사는 오빠가 뇌를 다쳐서 언제 깨어날지 모른다고 했다. 하지만 그는 오빠가 금방 털고 일어날 것이라 확신했다. 그런데 하필 코로나 기간이라 면회조차 자주 할 수 없었다. 면회 시간은 15분에 불과했다. 게다가 중환자실에는 한 명밖에 들어갈 수 없어, 사고 뒤 오빠를 만난 횟수는 손에 꼽을 정도였다. 오빠는 잠시 호전되는 듯하더니 결국 한 달 반 만에 하늘나라로 떠나고 말았다.

오빠를 보내 주고 나서 1년 뒤가 너무 힘들었어요. 아이들은 사춘기를 겪으면서 제 속을 뒤집어 놓고, 위드 코로나 기간을 지나면서 회사 안에서도 너무 외롭고… 그리고 이제 다시는 오빠를 볼 수 없다는 거, 그게 가장 크네요.

라희는 오빠가 보고 싶을 때마다 오빠의 흔적들을 열어 본다. 함께 찍은 사진들로 만들어 둔 앨범을 펼쳐 보거나, 다행히 '음성 기록'으로 남아 있는 오빠와 통화했던 시간을 하나씩 들춰 본다. 오빠와 주고받은 카톡 내용도 다 외울 정도로 보고 또 본다. 어떻게 알고 오빠에 대한 모든 것을 이렇게 기록해 놓았을까. 그는 오빠의 흔적을 반복해 보면서 숨 막히는 고통으로 가슴을 뜯었다.

오빠의 갑작스러운 죽음에 코로나까지 겹친 상황에서, 그는 스스로 몹시 불안정하다는 것을 느꼈다. 온전치 않은 나날들 속에서 그는 날이 갈수록 예민해졌다. 남편을 포함해 가족들의 말과 행동 하나하나가 그를 괴롭게 했다. 사춘기로 접어

든 아이들의 크고 작은 일탈도 버거웠다. 이제는 아이들을 손에서 놓아 버리고 싶다는 생각마저 들었다.

언젠가부터 그는 운전할 때마다 사고가 날지도 모르겠다는 생각을 한다. 마치 오빠에게 갑작스럽게 사고가 닥쳤던 것처럼, 어디선가 차가 튀어나와 자신을 덮칠 것만 같다. 그런 불안감은 모든 걸 다 내려놓고 싶다는 생각으로까지 이어졌다.

어느 날 그는 충동적으로 자신도 모르게 액셀을 밟았다가 깜짝 놀라 브레이크를 잡았다. 아들을 먼저 보낸 부모님과 남편을 잃은 새언니, 아빠 없이 자랄 조카들의 얼굴이 떠올랐다. '내가 이래서는 안 되지.' 오빠가 없는 집안에서 그는 이제 많은 사람을 돌보고 챙겨야 하는 존재였다. 그것을 잊어서는 안 되었다.

> 새언니는 평범한 가정주부예요. 조카들도 장성하려면 아직 멀었고요. 부모님도 다 명예퇴직하셔서 경제 활동을 아무도 안 한단 말이에요. 제가 잘 살아야 하고, 제가 돈을 많이 벌어야 해요. '이건 충동이야'라고 되뇌면서, 죽고 싶은 마음을 그렇게 참았어요.

라희는 차라리 예전으로 돌아가고 싶다고 했다. 남편과 이혼하고 부모님과 살던 때로, 어쩌면 어린아이였던 그때로. 그는 스스로 자신은 "엄마 아빠에게 속한 사람"이라고 말했다. 그 말의 온도가 왠지 모르게 쓸쓸하고도 차가웠다.

라희에게 지금 가장 위로가 되는 존재는 강아지다. 처음에는 아이들이 졸라서 데려왔지만, 시간이 지나자 정작 아이들은 강아지에게 별 관심을 두지 않았다. 강아지를 돌보면서 그는 마음의 위로를 얻는 듯했다. 오빠가 살아 있을 때 '우리는 5인 가족'이라고 늘 생각했다. 그러나 오빠가 떠나고 '4인 가족'이 되어 버린 것 같아 마음이 서글펐는데, 강아지가 와서 다시 '5인 가족'이 된 것 같았다. 갑작스레 비어 버린 공간에 새로 찾아온 가족이 그의 마음을 어루만져 주었다. 그러나 오빠의 빈자리는 좀처럼 채워지지 않았다.

> 어쩌면 오빠 때문에 유독 마음이 더 힘든 것 같아요. 회사 전체 회식도 그렇게 스트레스받을 일은 아니었던 것 같은데….

어릴 적 어머니에게 충분한 사랑을 받지 못했다는 서운함 때문에, 혹은 코로나 블루 때문에 겪게 된 외로움은 아닐까 짐작했던 내 생각은 완전히 번지수를 잘못 짚은 것이었다. 사랑하는 사람을 잃은 다음 겪는 외로움은 완전히 다른 문제이기 때문이다.

사랑하는 아들을 교통사고로 갑자기 잃은 박완서는 상실의 고통을 "두 세계의 소멸"이라고 표현했다.* 죽은 자의 세계뿐 아니라, 그를 생각하며 함께 엮어 갈 나의 세계까지 소멸했다는 것이다. 두 개의 세계가 소멸했는데, 정상적으로 일상을 꾸려 갈 수 있다면 그것이 오히려 이상한 일 아닐까.

상실을 겪은 사람은 허무함을 경험한다. 매일 자연스럽게 행하던 일들이 전부 무의미하게 느껴지고 억지로 해야 하는 짐처럼 여겨진다. 이는 매우 자연스러운 현상이지만, 이 감정을 어떻게 처리하는가가 매우 중요하다. 경우에 따라서는 전문가의 도움이 필요할 수도 있다.

일반적으로 사랑하는 사람을 잃고 나서 극심하게 슬픔을 느끼는 기간은 1년 이상 이어진다. 슬픔은 종종 미안함, 후회, 죄책감, 분노, 부정, 회피 등 다양한 형태로 경험된다. 그러나 애도의 기간은 사람마다 다르기에, 주변에서 '일반적'인 기준을 들이대며 "이제 그만 일어나라"라고 말해서는 안 된다. "죽

---

* 박완서, 《한 말씀만 하소서》, 세계사, 2004.

은 사람은 죽은 사람이고, 산 사람이라도 살아야지." 한국에서 흔히 들을 수 있는 말이지만, 슬픔을 겪는 사람에게 도움이 안 될 뿐 아니라 오히려 상처를 더 곪게 할 수 있다.

애도의 기간 동안, 상실한 사람을 무리하게 잊으려고 하지 않는 게 좋다. 오히려 그와 있었던 좋은 기억들을 되살리면서 마음속에 잘 간직하기 위해 노력하는 게 도움이 된다.

라희는 결국 회사 전체 회식에 다녀왔다. 예상대로 반겨 주는 이는 없었다. 그는 조용한 사람들이 모여 앉아 있는 곳에 자리를 잡았고, 초반부터 술을 엄청 많이 마셨다고 한다. 술은 불안이 섞인 창피함을 조금이나마 덜어 주었다.

그러나 역시 회식 자리에 다녀온 후에도 함께 이야기를 나눌 수 있는 동료는 생기지 않았다. 그는 여전히 혼자 일하고 혼자 밥을 먹고 혼자 퇴근하는 삶을 반복한다. 퇴근하고 집으로 돌아가면 그를 기다리는 온라인 모임이 그나마 그에게 활기를 준다.

인터뷰를 마친 후 "제가 정신과를 가 봐야 할까요?"라고 진심 어린 표정으로 물은 라희는 그래도 인터뷰 덕분에 속이 많이 시원해진 것 같다며 감사 인사를 했다. 본래 유쾌한 분위기를 내뿜는 그였지만 속사정을 모두 듣고 나니 어쩐지 목소리가 더 단단해진 것 같았다. 그의 마지막 말이 기억에 남는다.

"오빠는 지금 좋은 곳에서 잘 지내고 있을 거니까 저는 괜찮아요."

라희를 떠나보내며, 마음에 아릿한 아픔이 몰려왔다. 사랑하는 사람을 갑자기 잃은 상실의 슬픔은 겪어 보지 않은 사람은 모른다고 하지 않던가. 나 또한 상실의 경험을 떠올리며, 앞으로 한동안 라희가 겪어 갈 수밖에 없는 기나긴 과정이 무겁고도 아득하게 느껴졌다. 그 과정은 때로는 인정하기 어렵고 끝없이 부정하고 싶은 시간이며, 때로는 치밀어 오르는 그리움과 복받치는 슬픔의 경험일 것이다.

사랑하는 누군가를 만나고 싶어도 만날 수 없고, 잡으려 해도 잡을 수 없다는 건 얼마나 무망한 일인가. 그러나 라희가 마지막 말로 남겨 놓았듯, 우리를 떠나간 그들은 모두 좋은 곳에서 잘 지내고 있을 것이다. 그리고 우리도 언젠가 그들을 만나게 될 것이다. 그들을 걱정시키지 않기 위해서라도, 또 그들을 만나서 해 줄 재미있는 이야깃거리를 만들기 위해서라도, 우리는 이곳에서 잘 살아야 한다.

| 5장 |

보일 듯 보이지 않는 희뿌연 안개

장애인 딸을 둔 엄마로 살아가기

요즈음 그의 바람은 딸이 자신과 함께 건강하게 살다가
자신보다 먼저 하늘나라로 가는 것이다.
딸이 먼저 세상을 떠나면 무엇을 하고 싶으냐고 물었다.
"글쎄요, 전 뭘 할 수 있을까요?"

엄마에게 아이는 나를 강하게 하는 존재지만 동시에 나를 외롭게 하는 존재이기도 하다. 나이는 스물다섯이지만 두 살 아이의 삶을 사는 발달장애인 딸을 둔 명주(가명). "작은딸의 엄마가 한 명 더 있었으면 좋겠어요." 혼자만으로는 감당하기 벅찬 일상을 고스란히 드러낸 이 말보다 그가 처한 상황을 더 잘 대변해 주는 표현이 있을까?

감정 표현이 어려운 제 딸은 자기 생각을 누군가에게 전하지 못해요. 그 부분이 참 안타깝죠. 그래서 우리 가족이 결속이 잘 되어 있지만, 한편으로는 이 아이에 대해서 똑같은 엄마의 마음으로 고민을 나눌 수 있는 '엄마'가 한 명 더 있으면 좋겠다는 생각을 해요.

인터뷰를 시작하면서 그의 외로움에 대해 질문했지만, 그는 먼저 딸의 이야기로 말문을 열었다. 이미 딸과 자신의 삶이 분리되지 않는 상황에 이른 것이다. 그는 질문 하나하나에 오랜 시간을 생각하며 말을 이었다.

그의 작은딸은 자폐인이다. 자폐성 장애를 지닌 이들은 본인이 하고자 하는 것에 집중하지만, 상대방의 감정과 말투를 잘 파악하지 못한다. 명주의 하루는 늘 작은딸과 함께다. 아침에 작은딸을 차에 태워 먼저 발달장애인지원센터로 데려다주고 자신의 일터로 향한다. 그는 지금 발달장애인들이 직업을 가질 수 있도록 기업과 대상자를 매칭해 주는 일을 하고 있다. 정신없이 업무를 보다 보면 어느덧 오후 7시, 하던 일을 서둘러 마무리 짓고 딸을 데리고 집에 돌아오는 것이 명주의 주된 일과다.

한 번도 혼자서는 밖에 나가 본 적도, 버스를 타 본 일도 없는 작은딸. 그의 딸은 센터 선생님들의 도움을 받아 하루하루를 보낸다. 여러 가지 취미 활동도 하고 교육을 받고 오후에는 자신에게 주어진 업무를 감당하면서.

명주는 그래도 작은딸이 현재 자신의 삶에 만족하고 있는 것 같다고 말했다. 집에 돌아와서도 가족이 함께 있으니 행복해 보인다고. 하지만 그는 곧 덧붙였다. 그건 그저 엄마의 추측일 뿐이라고. 스물다섯 살이 된 딸이지만, 속 시원히 소통하기가 어렵다.

나는 자꾸만 딸에 관해 말하는 그에게, 오늘은 명주 자신의 삶에 대해 이야기해 보자고 제안했다.

> 어릴 적 기억은 잘 나지 않아요. 음, 어렸을 땐 집이 좀 가난했어요. 아버지가 돌아가시기 10년 전까지는 막노동을 하셨고… 퇴근 후에는 집에 와서 술을 드시거나 어머니랑 다투시던 기억이 나요.

그는 맏딸이었다. 나이 차이가 많이 나는 동생들이 있었고 부모님은 늘 바빴다. 당시 자녀들에게 별 관심이 없으셨던 부모님이 그는 원망스러웠다. 그러나 지금 생각해 보면 그럴 수밖에 없었을 거라며 부모님을 이해했다.

> 학교 마치고 집에 돌아오면 친구들이랑 놀고 싶은데, 어린

동생들이 있어서 밖에 나갈 수 없었어요. 맨날 제가 부모님 대신 챙겨 줘야 했죠. 그땐 그게 되게 싫었어요. 그래서 어릴 적 제 꿈은 장래 희망 직업 같은 게 아니라 그냥 집을 빨리 벗어나는 거였어요.

어린 시절, 부모님은 그에게 꿈을 가지라거나 공부를 해야 한다는 등의 이야기를 해 주지 않았다. 그래서 그는 진로에 대해 고민을 해 본 적이 별로 없다. 그저 힘든 부모님을 대신해 집안에 보탬이 되어야겠다고 생각했을 뿐이다. 고등학교를 졸업한 그는 바로 일자리를 구했다. 물론 남들처럼 대학도 가고 공부도 하고 싶다는 소망이 있었지만, 당시엔 그저 일에 쫓기며 사느라 대학은 사치라는 생각이 들었다.

회사에서 열심히 일하면서 회사 동기를 통해 지금의 남편을 만났다. 남편은 서울에서 혼자 자취하며 살고 있었다. 짧은 기간 만나면서 그는 이 남자와 함께 산다면 부모님의 그늘에서 빨리 벗어날 수 있겠다는 생각을 했다.

얼마나 많은 여성이 오로지 부모에게서 벗어나기 위해 결혼을 선택하는지…. 그러나 결혼이 항상 행복하고 안전한 미래로 인도하는 것은 아니다. 자신에게 짐만 되는 가족을 떠나기 위해 명주는 스물다섯 살에 망설임 없이 결혼을 결심했지만, 결혼 뒤에는 완고한 시어머니가 그를 기다리고 있었다.

> 남편은 시어머니가 마흔에 낳은 막둥이더라고요. 시어머니 연세가 그때 일흔이었어요. 정말 완고한 강원도 할머니 있죠? 딱 그런 분이었어요. 부모님보다도 말이 안 통하고 세대 차이가 꽤 나서 많이 힘들었죠.

곧 아이가 생겼다. 직장은 그만두고 싶지 않았으나 시어머니는 이미 연세가 많아서 아이를 봐주실 수 없었다. 친정어머니도 아이를 돌보는 일을 거부했다. 그는 울며 겨자 먹기로 3년간 근무한 직장을 그만두었다. 연차가 꽤 쌓인 직장에서 나름대로 인정받으며 즐겁게 생활하던 그였다. 회사에서도 다시 생각해 보라고 설득했지만 어찌할 도리가 없었다.

큰아이가 태어나고 1년 뒤 둘째가 생겼다. 큰아이 돌잔치를 할 때 그의 배 속엔 이미 작은딸이 있었다. 그는 그 일을 꿈처럼 기억한다.

작은딸을 임신하고 있을 때 그는 남편에게 말했다. 아이가 태어나 어린이집에 갈 나이가 되면, 자신은 절대 집에만 있지 않을 거라고. 그는 공부를 다시 시작하거나 일을 하고 싶었다. 남편도 흔쾌히 허락했다.

그러나 작은딸이 태어나 어느덧 어린이집에 갈 나이가 되었을 때, 그는 작은딸이 다른 아이들과는 조금 다르다는 생각을 했다. 두 돌이 되자 그는 아이를 데리고 이곳저곳 병원을 다니며 검사를 받았다. 얼마 지나지 않아 작은딸에게 자폐가 있다는 사실을 알게 되었다.

> 그때가 제일 힘들었어요. 작은딸은 36개월 때 자폐 진단을 받았고, 얼마 안 돼서 시어머니가 치매 진단을 받으셨거든요. 그리고 하필 그때 남편이 다니던 회사가 IMF로 없어졌어요.

불행은 한꺼번에 닥친다고 했던가. 갑작스레 맞닥뜨린 힘겨운 상황에 그는 당황했지만, 침착하게 자신이 할 수 있는 일을 찾았다. 남편에게 시어머니를 돌보는 일은 시누이들에게 부탁하면 어떻겠느냐고 제안했다. 그러나 남편은 시누이들은 이미 출가외인이니 그럴 수 없다면서, 자신은 돈을 벌어 올 테니 '당신의 일'은 당신이 알아서 하라고 했다. 무엇이 '나의 일'인 거지? 남편의 말에 기가 막히고 속이 상했지만, 별다른 수가 없었다.

시어머니를 돌보는 일은 생각보다 힘에 부쳤다. 언젠가 TV 드라마에서 본 장면처럼, 시어머니는 그가 차려 드린 점심을 다 드시고도 아파트 경비원에게 "우리 며느리가 밥을 안 준다"고 하소연하곤 했다. 사람들에게 며느리가 자신을 때리며 구박한다고 말하고 다니기도 했다.

시어머니의 이야기는 어느새 남편에게까지 전해졌다. 남편은 그의 이야기를 들어 주기보다는 자기 어머니 편만 들었다. 말도 안 되는 시어머니의 이야기를 그대로 믿어 버리는 남편이 얄미웠지만, 아무리 사실을 이야기해도 전혀 듣지 않았다.

시간이 지날수록 시어머니의 증세는 심각해졌다. 당신 아들에게도 '아저씨'라고 부르기 시작하자 남편은 그제야 그의 말을 믿어 주었다.

> 당시 치매 어르신을 모실 수 있는 복지 시설은 어느 지역에나 부족했어요. 수소문 끝에 한 복지관을 찾아가서 담당자에게 우리 어머니 좀 돌봐 달라고 간청했죠. 그런데 지금 어머니를 모실 수 있는 자리가 없다고, 무작정 기다려야 한다는 거예요. 그 말이 제 이성을 무너뜨렸어요. 그 담당자를 붙들고 막 화를 냈죠. 우리 어머니를 여기서 맡아 주지 않으면 난 죽을 거라고, 내가 죽으면 그건 당신 책임이라며 소리를 질

렀어요… 그땐 제 모든 상황에 너무 화가 나고 심한 스트레스를 받고 있었거든요. 너무 힘들었으니까요. 지금도 그 담당자를 생각하면 미안하죠….

당시 그에게는 모든 상황이 절망적이었다. 그야말로 앞길이 캄캄했다. 그런데 그렇게 한바탕 일을 치르고 돌아온 그의 노력을 알아주기라도 하듯 며칠 뒤 복지관에서 시어머니를 돌봐줄 수 있다는 연락이 왔다. 이로써 시어머니에 대한 상황은 일단락되었다. 그러나 그는 여전히 작은딸을 데리고 짧은 하루를 그 누구보다도 바쁘게 살아야 했다.

그런데 그렇게 한 가지 일이 해결되고 나니 이번엔 아버지가 간암 판정을 받고 쓰러지신 거예요. 여동생들은 모두 멀리 시집을 갔거나 올 수 없는 처지였죠. 어머니는 필요할 때마다 저한테 연락을 하셨어요. 어머니도 걱정이 많으니 그랬겠지만, 저도 마음의 여유가 없는데 죽을 노릇이었죠.

친정아버지의 정기 검진을 챙기는 일도, 응급실에 모시고 가는 일도 모두 그의 몫이었다. 아버지를 모시고 시내 병원에 진료를 받으러 가려면 한바탕 곤욕을 치러야 했다. 구급차나

택시를 마다하고 그가 직접 모시기만을 바라는 아버지 때문에 그는 늘 시간에 쫓겼다. 작은딸이 일정을 마치면 데리러 가야 하는데, 아버지의 병원 진료가 빨리 끝나지 않을 때면 조급한 마음에 발만 동동 굴렀다.

나는 무엇을 위해 살아가는 걸까? 그는 오랜 시간 고민해 왔다. 나의 삶은 원래부터 이렇게 계획되어 있었던 걸까? 만일 그렇다면, 신이 너무하다는 생각이 들었다.

어느 날 예전에 들었던 사촌오빠의 말이 갑작스레 떠올랐다. "명주야, 사람은 배워야 해." 그에게 그런 말을 해 준 사람은 사촌오빠뿐이었다.

> 아버지와 함께 막노동하시던 친구분이 있어요. 그분 딸이 저와 같은 또래였거든요. 그런데 어느 날 아버지 말씀을 들어 보니 그분 딸은 일류 대학에 진학했더라고요. 사실 어렸을 때 그 아이보다 제가 더 공부를 잘하는 편이었어요. 같은 환경이었지만 그 아이는 자신이 하고 싶은 걸 하는데, 왜 우리 부모님은 내게 말씀으로라도 지원해 주시지 않았는지 참 원망스럽더라고요.

다시 배움에 대한 갈망이 생긴 그는 뒤늦게 공부를 시작했다. 사이버대학을 졸업하고 2년간 야간 대학을 다녔다. 그는 오래전 고등학교를 졸업한 후 뒤늦게 다시 학생이 되었던 그 시간이 제일 행복한 시절이었다고 회상했다. 작은딸이 좀 더 나은 사회에서 생활할 수 있기를 소망하는 마음으로 그는 발달장애 관련 학위를 취득했다.

명주는 그 후 업무 차원에서 복지관이나 장애인센터를 자주 방문한다. 발달장애인 당사자를 직접 만나 어떤 업무를 할 수 있는지 알아보고 조사하는 것이 그의 역할이다. 센터를 방문하는 과정에서 그는 간혹 작은딸과 마주친다. 하지만 작은딸은 엄마를 만나도 인사하는 법이 없다. 이는 자폐의 한 특성이다. 한정된 관심사에만 몰두하고, 본인의 루틴이 방해받는 것을 싫어하는 것이다. 작은딸은 눈앞에 엄마가 나타나도 아는 체하지 않고 자신이 목표한 곳을 향해서만 꿋꿋이 걸어간다. 그 상황을 충분히 이해하면서도 자신을 지나쳐 가는 작은 딸의 뒷모습을 자꾸만 바라보게 된다고 말하며 그는 씁쓸하게 웃었다.

물론 집에 와서는 제 옆에 딱 붙어 있죠. 그것 또한 루틴이니까. 저에게 안겨서 손을 잡고 있어도 마음을 나눌 수 없다는 건 속이 상하지만요. 그런 면에서 작은딸은 저에게 외로움을 느끼게 하는 대상이면서 동시에 살아갈 힘을 주는 존재예요. 가끔 생각해요. 작은딸이 없으면 나는 어땠을까? 음… 전 지금처럼 살지 못했을 것 같아요. 원래 저는 사회에 불만도 많고 냉소적인 사람이었거든요. 세상을 살아가면서 제가 이해할 수 없는 말과 행동을 하는 사람은 늘 무시하고 외면했어요. 그런데 우리 작은딸의 엄마로 살아가면서, 이런 성격으로는 딸과 함께 세상을 살아갈 수 없겠구나, 깨닫게 됐어요. 작은딸 덕분에 세상을 바라보는 눈이 달라진 거예요. 작은딸이 저를 '사랑스러운 사람'으로 만들어 준 것 같아요.

명주는 작은딸을 돌보는 틈틈이 여러 발달장애인 엄마들과 만나 사회운동을 하고 있다. 자신들의 자녀, 발달장애인들이 살아가기 조금 더 나은 세상을 만들기 위해서다. 그러나 그는 요즘 부쩍 자신의 몸이 노화되는 것 같아 걱정스럽다. 아직 해야 하는 일이 너무나도 많은데 몸 여기저기가 쑤셔 온다. 비장애 사회인들과 끊임없이 부딪치며 몸을 움직여야 하는데, 혹여나 자신의 일을 미처 끝내지 못하고 건강이 나빠질까 봐 두렵다. 함께 사회운동을 감당하는 동지들이 있지만, 현장에 나가 적극적으로 목소리를 높일 수 있는 사람은 많지 않기 때문이다.

발달장애인들의 메신저가 돼 줄 수 있는 사람은 우리 엄마들밖에 없어요. 머리를 깎아 가며 투쟁할 때마다 사람들은 저희를 두렵게 보는 것 같아요. 하지만 저희는 사실 살림하는 엄마들일 뿐이거든요. 우리가 왜 이렇게 나서고 움직이는지에 대해 조금만 관심을 가져 주면, 그것만으로라도 좋을 것 같아요.

명주는 발달장애인의 처우를 개선하기 위해 동지들과 함께 고민을 나누고, 때로는 삭발로 투쟁 의지를 다지고, 때로는 집회를 열어 호소하면서 바쁘게 활동하고 있다. 작은딸을 돌보는 일만으로도 정신이 없지만, 발달장애인 엄마들의 정신적인 지주 역할도 마다하지 않고 있다.

그러나 그 역시 연약한 엄마일 뿐이다. 앞장서 목소리를 높여야 하는 자리에 있으면 그도 마찬가지로 두려움으로 온몸이 떨린다. 그러나 명주는 그렇게 두려운 순간에도 떨 수조차 없다. 그가 동요하는 순간 함께하는 사람들이 모두 불안해하기 때문이다. 그는 두려움으로 불안할 때마다 조용히 화장실에

간다. 화장실 문고리를 잡은 채 자신에게 나지막이 속삭인다. "명주야, 괜찮아!" 때로는 자신의 머리를 쓰다듬어 주기도 하면서.

'신이 나에게 기회를 준다면, 나는 과연 인생의 어느 시점으로 돌아가고 싶다고 말해야 할까?' 가끔 삶이 너무나도 팍팍하게 느껴질 때면 그는 상상한다. 때로는 작은딸을 바라보면서 '너만 없었다면…' 생각에 잠기기도 한다. 그러나 여전히 작은딸이 없는 삶은 상상할 수 없다. 작은딸이 있었기에 그 고단한 삶을 치열하게 살아올 수 있었다.

언젠가 작은딸을 태우고 고속도로를 달린 적이 있어요. 무슨 일 때문이었는지 기억은 잘 안 나지만, 그때도 굉장히 힘들고 속상한 일이 있었어요. 차를 타고 달리면서 내가 죽어야 하나 고민했어요. 저 혼자 죽으면 큰딸이랑 남편이 작은딸을 책임져야 하니까, 작은딸과 함께 죽어야겠다고, 어떻게 해야 세상을 잘 떠날 수 있을까 생각하는데, 그때 라디오에서 장기하 씨 노래가 나오는 거예요. '우리 지금 만나!' 하는 노래요. 가만히 들어 보니 노래 가사가 너무 웃긴 거예요. 남자가 여자친구 몰래 클럽에 다녀왔다는 오해를 받고 여자친구에게 당장 만나자고 하는 내용인데, 왠지 모르겠지만 그 가사가 저에게 위로가 되어 준 것 같아요. 그냥 너무 웃겨서 혼자 막 깔깔깔 웃었어요. 그러고는 아무 일 없이 집에 돌아왔죠.

명주는 작은딸이 자신과 함께 건강하게 살다가 자신보다 먼저 하늘나라로 갔으면 좋겠다고 했다. 그 눈물 섞인 고백에는 온전한 진심이 담겨 있었다. 듣는 나에게도 가슴 저리는 아픔이 고스란히 전해졌다. 어떤 엄마가 자식이 자신보다 먼저 가기를 바라겠는가?

딸이 먼저 세상을 떠나면 무엇을 하고 싶으냐고 물었다. 오랜 고민 끝에 그가 한 대답은… "만일 그렇게 된다면… 한번 남편과 상의해 봐야겠네요…." 그러고는 흐린 눈빛으로 덧붙였다.

그런데 정말 이상하게도 제가 젊었을 때는 작은딸이 먼저 떠나간다면, 하는 생각은 한 번도 떠올린 적이 없네요. 글쎄요, 전 뭘 할 수 있을까요? 아무것도 할 수 없지 않을까요?

엄마보다 먼저 세상을 떠날 수도 있는 자식을 키우는 엄마의 마음이란 어떤 것일까? 그 길은 얼마나 외롭고 힘들까?

우리 인간은 누구나 반드시 타인의 돌봄을 받아야 하는 기간이 있다. 갓 태어나 다른 사람의 돌봄을 받지 못한다면, 그 누구라도 생명을 유지할 수 없을 것이다. 또 나이 들어 거동이 어려울 때 누군가 옆에서 도와주지 않는다면, 식사 등 기본적인 생활조차 유지할 수 없다.

우리는 근본적으로 타인의 돌봄에 의존해서 살아갈 수밖에 없는 존재다. 건강한 몸으로 태어났다고 하더라도, 병들거나 사고를 당하거나, 다른 여러 가지 불의의 상황이 닥칠 수 있다. 그렇게 되면 우리는 완전히 '독립적'인 혼자만의 일상을 꾸려 가기 어렵다. 그리고 우리 가운데 어떤 사람들은 선천적으로 혹은 후천적인 어떤 이유로 인해 누군가가 좀 더 가까이에서 자주 돌봐 주어야만 하는 상황에 처해 있다.

인간에게 돌봄이 이처럼 필수적인 요소임에도 불구하고, 여전히 인간의 '독립성'은 과하게 강조되고, 돌봄은 '가족'이라는 울타리 안에서 해결해야 하는 문제인 것처럼 생각되는 경향이 있다. 그래서 어떤 사람들은 지속적으로 돌봄이 필요한 가족으로 인해 자신의 삶 대부분을 희생해야 한다.

명주가 떠난 후 나는 가만히 생각해 보았다. 명주의 외로움은 어떤 것일까? 내가 과연 이해할 수 있는 것일까? 나는 이해할 수 있다고 믿고 싶었다. 같은 시공간을 살아가면서 사람 간의 이해가 불가능하다면, 우리는 함께 사는 이유가 없을 테니까. 그리고 나의 작은 이해를 통해 명주에게 조금이라도 위로와 격려를 전하고 싶었다.

명주에게 가장 힘든 부분은 자신이 겪는 외로움과 힘듦을 공감해 주는 사람 없이 혼자서만 짊어져야 한다는 데 있었다. 자신이 낳은 딸이라고 해서 왜 답답하지 않겠는가? 하루에도 수십 번 '왜 저런 행동을 할까?' 이해할 수 없는 모습에, 하루하루 나아지기는커녕 오히려 거꾸로 돌아가는 것 같은 모습에 좌절감이 들지 않겠는가?

남편이 있긴 하지만, 작은딸에 관한 모든 결정을 자신 혼자 책임져야 하는 그 무게감과 책임감도 그를 외롭게 했다. 시간이 지남에 따라 아이를 돌보는 일이 체력적으로 점점 더 힘에 부치고, 거기에 정신적인 고통까지 밀려오면, 언제까지 이렇게 살아야 하나, 끝이 보이지 않아 그만 놓아 버리고 싶기도 하고, 멀리 도망가고 싶기도 했을 것이다.

명주의 외로움을 애써 이해하는 동안, 나는 그의 외로움은 우리 사회가 달라지면 조금은 누그러뜨릴 수 있지 않을까 하는 생각을 했다. 만일 우리가 발달장애 아이를 키우는 일이 어떤 것인지 조금 더 배우고 공감할 수 있다면, 만일 그와 그의 딸을 향한 찌푸린 시선을 거두고 조금이라도 도움을 주고자 하는 따뜻한 시선으로 바라볼 수 있다면, 만일 발달장애인들이 좀 더 행복하게 일하며 살아갈 수 있도록 제도와 기관이 마련된다면, 만일 그가 너무 지쳤을 때 누군가 며칠만이라도 대신 딸을 돌봐 줄 수 있다면… 그의 외로움이 조금은 덜어지지 않을까? 당장 가능한 일이 아닐지는 모르지만, 나는 그런 세상이 오기를 진심으로 바란다.

| 6장 |

텅 비어 있는 매트한 타조알

페르소나에 갇힌 나

자신의 본모습을 끝까지 발견하지 못한 채
페르소나만으로 살다가 죽는 사람도 있다.
그런 면에서 그의 외로움은 의미 있는 경고이자
진실된 삶을 향한 여정에서 꼭 필요한 단계일지 모른다.

페르소나Persona란 고대 그리스 가면극에서 배우들이 썼던 가면을 말한다. 가면에는 그 배우가 연기하는 인물의 감정이 새겨졌다. 마치 우리나라의 탈놀이에서 하회탈을 비롯한 갖가지 탈이 그 표정을 통해서 맡은 역할을 상징적으로 보여 주듯이 말이다.

스위스의 정신과 의사이자 심리학자 카를 구스타프 융Carl Gustav Jung, 1875~1961에 따르면, 모든 인간은 성장하면서 사회에서 요구하는 도덕과 질서, 의무에 맞춰 자신의 본성을 감추고 외부 세계에 내보이기 위한 가면을 쓰고 살아간다. 페르소나는 주변의 기대나 요구 속에서 만들어지는 만큼, 기본적으로 사회생활을 원만하게 하고 역할을 잘 수행할 수 있도록 돕는

다. 즉, 페르소나란 자기Self와 외부 세계를 연결해 주는 중재자인 것이다.[*]

그런데 경우에 따라서는 페르소나와 자기가 서로 적절한 관계를 맺지 못하고 페르소나가 과도하게 '팽창'할 수도 있다. 진짜 자기는 사라진 채, 외부로 드러내는 모습만 남는 것이다. 이처럼 페르소나가 팽창한 사람들은 감춰진 자신의 본모습을 찾기 위해 노력해야 하는데, 융은 그것을 '자기실현'이라고 불렀다.

우리의 외로움은 때로 내가 누구인지 확실히 알 수 없을 때, 그 모호함 속에서 발생한다. 만일 나 자신을 알 수 없다면, 누가 나를 알 수 있을까? 우리는 당연히 스스로 자신을 잘 알 것이라고 기대한다. 그러나 모두가 그렇지는 못하다. 정도의 차이는 있지만, 우리는 늘 자신의 본모습에 대해 고민한다. 그런데 만일 그 고민이 지나쳐 일상생활 속에서 자기 자신을 어떻게 드러내야 할지 망설여질 정도가 된다면, 그것은 혼돈과 절망 그리고 외로움을 낳을 수 있다.

---

* 칼 구스타프 융, 《칼 융 분석 심리학》, 부글북스, 2021.

병욱(가명)은 스스로를 "참 잘 숨기는 사람"이라고 표현했다. 그는 원래 자기 이야기 하는 것을 두려워하지 않았다. 무엇이든 솔직하게 말할 수 있었다. 그러나 지금 그는 그렇지 못하다. 병욱은 솔직하게 이야기할 수 있었던 때의 자신은 참 밝은 사람이었다고 회상했다. 아닌 게 아니라, 인터뷰를 시작하면서 만난 병욱의 첫인상은 참 화사했다.

그는 구김 없이 활짝 웃는 얼굴로 따뜻하게 인사를 건넸다. 새하얀 셔츠를 단정히 차려입은 그의 모습은, 말 그대로 '잘 자란 청년' 같았다. 그 안의 외로움을 가늠하기 어려운 얼굴이었다.

병욱은 따뜻한 가정에서 자랐다. 자신을 정말 사랑해 주는 부모님, 우애 깊은 형과 함께 더할 나위 없이 행복했다. 별다른 어려움 없는 무던한 행복. 덕분에 병욱은 철없이 맑은 아이로 성장할 수 있었다. 맑고 투명한 모습에 친구들도 선생님도 모두 병욱을 좋아했다. 그의 곁에는 항상 사람이 많았다. 당연한 것처럼 느껴지는 칭찬과 호의 속에서 그는 남부러울 것 없는 어린 시절을 보냈다.

그렇게 자라 온 병욱에게 중학교 시절의 갈등은 평화로운 일상을 깨뜨리는 첫 신호였다.

중학교에 들어가서 장난기 많은 친구들이랑 놀기 시작했죠. 친구들 탓은 아니지만… 그러면서 저도 막말을 많이 했어요. 너무 재밌고 편하게 놀아서 그랬던 것 같아요. 어느 날 학교 수련회를 가던 중이었는데, 버스에서 내리면서 친구한테 "내 앞에서 얼굴 치워!"라고 얘기했어요. 정말 생각 없이 뱉은 말이었는데, 그때 이후로 그 친구들과 멀어졌어요. 그제야 알았죠. 생각나는 대로 그대로 말하거나 행동해서는 안 되는구나. 그게 상처가 될 수 있구나. 그 후로는 어떤 말을 해도 다른 사람의 입장부터 생각했던 거 같아요.

한 친구가 병욱을 찾아와 "네가 말이 너무 심했던 거 아니냐"고 말했다. 강하게 나무란 건 아니었기에 마음이 상하지는 않았다. 오히려 차분하게 타이르듯 이야기해 준 그 친구 덕분에 그는 아무 말이나 내뱉는 것이 자신의 문제라는 것을 명확하게 알 수 있었다. 친구들이 병욱을 일부러 따돌린 것은 아니었지만, 그는 그 친구들과는 더는 놀기 힘들겠다는 생각이 들었다. 그렇게 그는 자의 반 타의 반으로 홀로 지내게 되었다.

다니는 교회에서도 비슷한 일을 겪었다. 교회 친구들은 종종 "단어 선택 다시 해"라거나 "한 번 더 생각해 봐"라며 병욱의 언어 습관을 지적했다. 계속해서 지적을 받다 보니, 어떻게 행동을 바꿔야 할지 고민에 빠졌다. 그는 남들이 들었을 때 불편할 말은 애초에 꺼내지 않는 것이 좋겠다고 결론을 내렸다.

더 어렸을 때는 주변 사람들이 병욱의 솔직함을 좋아해 주었다. 그래서 그는 자신의 행동이 문제가 될 거라는 생각을 전혀 하지 못했다. 그저 마음을 그대로 표현했을 뿐인데도 상처받는 사람들이 있었고, 그들에게 상처를 준 만큼 그 또한 많이 아팠다. 그는 어느 시점부터 말을 아끼기 시작했다. 사람들에게 최대한 좋은 말만 하려고 노력했다.

병욱은 배우 지망생이다. 중학생 시절부터 영화나 드라마에 나오는 사람이 되고 싶다는 생각을 해 왔다. 사실 당시에는 배우가 되겠다고 구체적으로 꿈을 꾸기까지 했던 건 아니다. 그냥 어렴풋이 배우의 삶이 궁금한 정도였다. 대학입시를 준비하면서도 공부에는 별다른 뜻이 없으니 우선 전념해 보자는 생각으로 배우 지망생의 길에 뛰어들어 연극영화과에 입학할 수 있었다. 대학에 입학한 후에야 그는 진심으로 연기에 뜻을 품게 되었다.

연극 <오셀로>를 연습하던 중이었어요. 제 동기가 부인에게

화를 내는 연기를 하고 있었는데, 교수님이 연습을 멈추시더라고요. 저는 뭐가 잘못됐지, 하고 생각했죠. 교수님이 동기한테 물었어요. 왜 화내고 있느냐고. 동기는 당연하게 "상대방이 저를 배신하고 바람을 피웠으니까요"라고 말했죠. 그러니까 교수님께서 "아니야, 사랑하기 때문이야"라고 하시더라고요. 전 그때 제가 보고 느낀 감정들과는 전혀 다른 감정이 있다는 걸 알게 됐어요. 내가 보는 게 다가 아니구나. 중학생 때부터 배우가 되고 싶어서 연기를 시작했지만, 그때 전 제 연기 인생을 멈추지 말아야겠다고 다짐했어요.

인간 사이에는 표면적인 감정을 전달하는 것 그 이상의 무언가가 있는 것 같았다. 교수님의 말을 듣고 보니, 여태껏 봐온 인물들이 새롭게 보이기 시작했다. 인간의 감정을 섬세하게 더듬고 이해하고 해석하고 나서야 진정한 의미의 매개체가 될 수 있을 것 같았다. '나도 저 정도까지는 보여 주고 싶어!'라는 마음이 간절해졌다. 이후 그는 연기에 더 깊이 빠져들었다.

그렇게 연기에 마음을 두게 된 한편, 대학에서 좋은 동기들을 만나 "인생에서 다시 올 수 없는 빛나는 시간"을 보내기도 했다. 그 시절 이야기를 할 때 병욱은 한없이 환한 얼굴이었다. 그만큼 아름답고 소중한 추억으로 남은 시절이었다.

> 나이대가 정말 다양했어요. 스무 살부터 서른 살까지 골고루 있었는데도 참 잘 어울려 놀았어요. 무슨 말만 해도 배꼽을 잡고 웃었죠. 또 동기끼리 너무 돈독하다 보니까 MT를 1년에 여섯 번을 갔어요. 시간만 있다 싶으면 갔죠. 교수님도 저희를 너무 예뻐하셔서 방학만 되면 저희를 데리고 캠프를 떠났어요. 같이 술 먹고 놀고 춤도 추고… 하루하루가 시트콤 같았어요. 그 친구들과 함께라면 걱정도 없고 두려움도 없었죠.

정말 꿈같은 시간이었다. 어느 날은 어른처럼 한껏 심각한 표정으로 연기와 예술에 관해 대화를 나누고, 또 어느 날은 내일이 없는 사람들처럼 미친 듯이 놀았다. 울고 웃는 모든 날이 아름다웠다. 무엇보다 어떤 말을 해도, 어떤 행동을 해도 병욱을 있는 그대로 받아들여 줄 사람들이 있다는 것이 중요했다. 그들과 함께 있을 땐 어느 것도 신경 쓸 필요가 없었다. 그저 솔직할 수 있다는 것만으로 충분했다.

아쉽게도 입대로 헤어지게 되었지만, 병욱의 인생에서 그 시절은 정말 아름다웠던 추억으로 남아 있다. 그는 그것만으로도 충분히 감사한 일이라고 생각했다.

군대에 가서도 큰 어려움은 없었다. 선임들에게 "너 참 군 생활 잘한다"는 이야기를 자주 들었다. 누구와 마주쳐도 밝게 웃는 얼굴로 인사했다. 언제든 좋은 게 좋은 사람. 병욱은 자연스레 그렇게 행동했고, 또 그런 식으로 관계를 이어 가는 것이 마음 편했다.

그러던 어느 날, 병욱은 누군가의 말 한마디를 듣고 깊은 생각에 빠졌다. "넌 애가 되게 착한데, 가식적인 거 같아." 그 말을 들었을 때 그는 무척 혼란스러웠다. 내가 느끼는 대로 좋아서 좋다고 했을 뿐인데, 왜 나에게 가식적이라고 하는 걸까?

생각에 생각을 거듭하자 군대에 오기 전에도 종종 그런 이야기를 들었던 기억이 났다. 당시엔 대수롭지 않게 넘긴 말이었다. 그러나 군대에서는 생각에 잠길 수 있는 시간적인 여유가 너무나 많았다.

그렇게 점점 깊이 빠져들어 보니, '가식'은 그의 깊은 내면의 무엇인가와 긴밀히 닿아 있는 것만 같았다. 그때부터 그는 자신이 느끼는 솔직한 마음을 수첩에 적기 시작했다. 생각이 나는 그대로 글자로 옮겨 적었다.

훈련을 나가도 남는 시간이 정말 많았어요. 그때마다 수첩에 떠오르는 생각을 적어 본 거죠. 어떤 마음을 품어야 하는지, 그리고 어떻게 생각을 해야 할지도. 그렇게 적은 수첩이 일곱 권이었어요. 근데 제 군대 동기가 그 수첩을 읽더니 "아, 나는 더 못 보겠다" 하는 거예요. 계속 보다가는 우울증에 걸릴 거 같다는 거였죠. 그리고 그 수첩을 통해 저를 보면 전혀 다른 사람처럼 보인다고 하더군요. 그냥 자연스레 떠오르는 생각을 적은 것뿐인데 다른 사람 같다고 하니까, '가식'이라는 단어가 더 크게 다가왔어요. '내가 뭘 의도하고 있나? 뭘 그렇게 꾸미나?' 싶기도 하고요.

병욱은 군 생활을 하면서 처음으로 '자신'에 대해서 깊이 고민했다. '가식'이라는 단어가 크게 다가온 한편으로 배우로서의 정체성도 뿌리째 흔들렸다. 어느 날 그는 대학 동기 한 명이 크게 성공한 모습을 인터넷에서 보았다. 친한 친구였는데 축하는 못 해 줄망정 배가 아프고 질투가 났다.

'난 연기를 계속할 수 있을까?' '나는 왜 연기를 하고 싶은 거지?' 쌓여만 가는 시간 속에서 그의 고민도 늘어만 갔다. 한 번도 경험해 보지 못한 나쁜 감정이라고 병욱은 생각했다. 자괴감과 더불어 커지는 부담감 그리고 나쁜 마음을 받아들이지 못하는 자기 자신이 지독하게도 괴로웠다. 무성하게 잎을 피워 내는 거대한 나무처럼 그간 지나쳐 온 감정들이 천천히 그리고 꿋꿋이 그의 마음속에서 자라났다. 그 감정들은 어느새 그가 감당할 수 없을 만큼 그의 내면을 뒤흔들고 있었다.

그 가식이라는 게 제가 연기하는 모습이랑도 관련이 있는 거 같아요. 어느 날 제 친구가 제가 연습한 영상을 보더니, "이건 형 성격이라서 어쩔 수 없나 보다"라고 하는 거예요. 제가 여러 번 영상을 찍어서 제일 좋았던 걸 보내 줬거든요. 그런데 처음에 막 찍은 영상이 제일 연기가 좋았다면서, 제가 감정을 알아서 정리해 버리니 상황이 와 닿지 않는다고 하더라고요.

병욱은 사람을 대할 때마다 상대방이 내 마음을 충분히 이해하고 있을지 신경을 많이 쓰게 된다고 말했다. 혹여나 상대가 자신의 의도를 오해할까 두려웠다. 그래서 그런 일이 일어나지 않도록 말과 행동을 최대한 고르고 골랐다.

그런 그의 성격은 연기에도 고스란히 묻어났다. 진심을 전달해야 함에도, 더 깔끔하게 더 단정하게 표현을 정리하고 있었던 것이다. 마치 그가 모든 사람에게 좋은 얼굴로 좋은 이야기만 했던 것처럼.

어느덧 군 생활을 마치고 복학을 했다. 학교에 돌아와서는 철학 수업을 열심히 들었다. 군대에서 홀로 고민했던 '나는 누구인가?'라는 질문에 대한 답을 찾는 시간이었다. 한편으로는 내가 누구인지 누가 좀 알려 줬으면 좋겠다는 마음도 있었다. 그는 답을 찾길 원했지만, 답은 닿을 듯 말 듯 잡히지 않았다. 아무리 자신에게 질문해 보아도, 글을 써 보아도 알 수 없었다. 끝내 그가 이른 결론은 '답을 찾지 말자'는 것이었다.

사실 그는 답을 찾을 수 없는 상황이었다. 중학교 시절의 왕따 경험은 '솔직함'이 미덕이 아니라는 것을 그에게 일깨워 주었다. 그때 이후로는 본인보다 타인의 입장을 먼저 생각하고, 좋은 말로 속내를 가리는 것으로 사람들과 관계를 맺어 온 그였다. 그런데 어느 날 주변 사람으로부터 '가식적'이라는 말을 듣게 된 것이다. 좋게 포장만 하지 말고 진심을 드러내 달라고. 사람들은 병욱의 '진심 어린 본모습'을 보고 싶어 했다.

'다른 사람들도 이런 고민을 하고 있을까?' '나는 어떤 감정을 갖고 사는 사람이지?' 병욱은 이렇게도 저렇게도 할 수 없는 역설적인 상황에 끼인 채 그저 외로움을 감당하기로, 그렇게 마음을 먹었다.

그러나 그는 곧 여자친구와의 이별을 겪으면서 감정을 드러내지 못하는 자신의 모습을 마주해야 했다. 그는 연인에게 조차 사랑한다는 말을 할 수 없었다. 여자친구는 병욱이 자신을 사랑한다는 것을 충분히 느낄 수 있는데, 왜 말로 표현하지 못하느냐고 끊임없이 묻곤 했다.

그도 자신이 왜 사랑을 표현하지 못하는지 알 수 없었다. 자신의 감정을 어떻게 이해해야 하는지조차 감이 잡히지 않았다. 그저 사랑한다고 말하는 순간 커다란 책임을 떠안게 될 것 같았다. 속마음을 드러낼 수 없는 스스로가 원망스러웠다. 도대체 어떤 감정으로 사람들과 관계를 맺고 살아가는 것인지도 알 수 없었다.

> 책임에 대한 두려움이 컸던 것 같아요. 여자친구는 저보다도 힘든 삶을 살고 있었는데, 그 친구가 여러 가지 감정을 알게 해 줬어요. 전 그 친구를 보면서 '아, 저런 감정이 있구나. 난 왜 몰랐을까? 나는 왜 이런 감정들을 다 무시하고 살았지?' 생각하게 됐죠. 고민을 하다가도 여자친구를 만나면 제가 그동안 모른 척하고 숨겨 왔던 감정과 생각들이 떠올라 감당할 수 없게 됐어요. 저한테는 사랑한다는 말이 너무 컸어요. 그래서 그 한마디를 못 해 준 거죠.

이후엔 두려움 속에서 매일매일 몸이 견뎌 내지 못할 정도로 술만 마셨어요. 그렇게 술을 먹고 몸이 상하면서 안면마비가 왔어요. 그때 저에 대한 실망감과 자괴감이 굉장히 컸던 것 같아요.

매일 선명한 생각과 악몽이 이어지는 밤을 보내야만 했다. 점차 건강염려증이 심해지고, 대인기피증 같은 심리적인 증상도 나타났다. 남몰래 수시로 심박수를 체크하며 그는 그만의 방식으로 불안을 견뎌 내고 있었다. 자신에 대한 실망감은 날이 갈수록 커져만 갔다. 나는 왜 이렇게 살아가고 있는지, 고민해 가며 그는 스스로가 한없이 나약하게만 느껴졌다.

완벽한 홀로서기를 해야 한다는 압박감은 그가 혼자서 이겨 내야 하는 과제였다. 이젠 그만 그런 삶에서 벗어나고 싶었던 그는 조금씩 속에 담고 있는 말들을 표현하고자 노력했다. 그러나 누군가에게 다가서려고만 하면 과거의 생각들이 되살아나 다시금 움츠러들었다. 자신이 다가서기 전에 누가 먼저 좀 나를 알아봤으면 좋겠다는 생각이 자꾸만 들어 못 견디게 외로웠다. 그가 혼자서 감당해야 하는 상황과 감정들이 너무나 크게만 느껴졌다.

제가 가장 두려운 건 얼마나 큰 생각인지, 또 농도가 얼마나 질을지 아무것도 모르겠다는 거예요. 어느 날엔 꿈을 꿨는데 눈앞에 검은색만 보였어요. 그래도 '하늘이 있겠지' 생각하고 고개를 들어 바라보니 제가 한없이 작아지더라고요. 그러고는 어느 한구석에 박혀서 그 검은 공간 전체를 하염없이 바라보고만 있는 거예요. 그 막연함이 너무 두려웠어요. 그리고 잠에서 깨 버리는 거죠. 그런 꿈을 자주 꿨어요.

자신에게 아무리 큰 사랑을 주어도 부모님과 형에게는 알릴 수 없었다. 가족들도 저마다 고통과 힘든 문제가 있을 거라고 생각했기 때문이다. 특히 부모님에게 걱정을 끼쳐 드리고 싶지 않았다. 친한 친구들에게도 속 시원히 털어놓지 못했다. 자신의 생각을 아무리 정확하게 이야기해도 상대방이 곧이곧대로 이해해 줄 것 같지 않았다. 그렇게 오해가 생겨 자신이 전혀 다른 모습으로 비치는 것도 원치 않았다.

하루하루가 싫었던 것 같아요. '내가 왜 이러고 있지?'부터 시작해서 생각들이 끝없이 떠오르는 것 자체가 너무 괴로웠어요. 그런데 생각이란 게 안 하고 싶다고 안 할 수 있는 게 아니잖아요. '이젠 정말 다 모르겠고, 그냥 누가 나 좀 도와줬으면 좋겠다.' 이런 생각을 참 많이 했어요. 제가 굳이 말하지 않아도, 나 혼자 느끼는 감정들을 알아줬으면 좋겠는 거죠.

병욱은 자신의 어두운 내면에서 벗어나고자 애를 썼다. 그는 연기를 통해서 조금씩 자신을 돌아보게 되었다고 한다. 고민이 계속되던 상황에서, 노예로 팔려와 고문당하는 흑인 난민 역을 연기하게 되었다. 자신이 맡은 배역의 감정에 집중하면서 그는 그 감각들로 인해 갑작스레 지하철도 탈 수 없고, 사람을 만나서 대화 한 번 제대로 못할 것처럼 느껴졌다. 하지만 어떻게든 그 감정을 잘 받아들여 소화하고픈 마음이 간절했다. 연기만큼은 가식적으로 하고 싶지 않았다.

그는 최근 달리기를 시작했다. 처음엔 조금만 달려도 숨이 차서 힘이 들었지만, 며칠간 이를 악물고 뛰다 보니 몸이 점차 적응하는 것처럼 느껴졌다. 차근차근 몸에 힘이 붙기 시작했다. '마음으로 감당할 수 없다면, 몸이라도 좀 버틸 수 있게 만들자.' 도저히 감당할 수 없는 생각들에 대처하기 위한 그의 타협안이었다. 그래도 조금씩은 나아지고 있다고, 그는 애써 웃어 보이며 말했다.

아직 많은 것들이 해결되지는 않았어요. 정답은 아니겠지만 그래도 여기까지 온 것만으로도 다행이라는 생각이 들어요. 여전히 두려워요. 다른 사람들이 나를 전혀 이해하지 못하는 건 아닐까. 솔직하지도 못하고, 좋은 게 좋은 거지 하면서 웃기만 하죠. 그래도 언젠가는 극복할 수 있었으면 좋겠어요. 그래도 오늘 인터뷰에서는 숨기지 않고 다 얘기한 거 같아서 마음이 좋네요.

병욱은 여전히 자신의 내면을 온전히 꺼내 놓지 못한다. 그래서 여전히 외로움에 허덕인다. 그러나 다른 사람들의 외로움에 위로를 건네는 배우가 되고 싶다는 마음은 그 누구보다도 간절하다. 여러 차례 눈물을 훔친 그는 다시 미소를 띠고 말했다. "다른 사람들이 이해하지 못할까 걱정하지 않고, 제 모습 그대로를 보여 주면서 살아 보겠습니다."

나는 병욱에게 차마 말하지 못했다. "지금 하는 고민을 멈추지 말고, 자기 자신이 어떤 사람인지 계속 탐구해 나가세요. 자기의 본모습을 어느 정도 알고 표현하게 되었을 때, 외로움도 사그라질 겁니다."

간단하다면 간단한 단 한 번의 인터뷰. 그 짧은 만남을 통해 어떤 사람의 인생을 섣불리 정리하거나 결론 내릴 수는 없는 일이다. 그러나 나는 병욱에게서 너무 '팽창'해 버린 페르소나를 본 것 같았다. 그래서 본모습으로부터 소외된 자신, 그리고 그것을 영리하게도 알아차리는 주변 사람들로 인해 외로움을 겪고 있는 듯했다.

병욱은 어릴 적 따돌림을 겪으면서, 주변 사람에게 '좋은' 모습으로 비쳐야 한다는 생각을 가지고 살아왔다. 다정하고 예의 바르며 따뜻한 사람. 그런 모습은 누구라도 반길 것이었다. 그는 점차 그런 관계 방식에 익숙해졌고 자신의 몸속에 체화했다.

그러나 배려의 근원이 내 마음이 아니라 다른 사람이 느끼는 감정에 있다면, 눈치 빠른 상대방은 곧 알아차리게 된다. '너는 나에게 너 자신의 모습을 솔직히 보여 주길 꺼리는구나. 마치 서비스 직종에서 일하는 사람처럼, 나를 그저 고객으로, 형식적으로 대하고 있구나.' 이런 반응을 접하면, 병욱은 억울할 법도 하다. 병욱은 내키지 않는 마음을 '억지로' 또는 '거짓으로' 내비친 것이 아니었을 테니 말이다.

그러나 깊이 있는 인간관계는 '바른 행동'을 넘어서 '진실하고 솔직한 마음을 드러내는 용기'에서부터 출발한다. 어쩌면 병욱은 두려웠을지도 모른다. 어렸을 때처럼, 마음대로 표현하면 혹시라도 또 소외되고 사랑받지 못하게 될까 봐. 그러나 진정한 관계는 설령 허물이 있더라도 상대방이 나를 사랑해 주리라는 믿음, 설령 상처가 있더라도 그것을 통해 함께 더 성숙해질 것이라는 믿음 속에 뿌리내린다. 상대방에 대한 진정한 배려는 그에게 어떻게 행동하고 말하느냐가 아니라, 내 마음이 어떠한가에 달려 있다. 병욱에게 '가식적'이라고 했던 사람은 아마도 병욱과 더 깊고 진실한 관계를 맺고 싶은 바람이 있었을 것이다. 그래서 병욱의 본모습을 더 가까이 들여다볼 수 있길 기대했을 것이다.

사실 자기 자신에 관한 탐구는 정도의 차이는 있을지언정 우리 모두 할 수밖에 없는 인생의 숙제다. 아테네의 현인 소크라테스가 말하지 않았던가. "너 자신을 알라!" 자기 자신을 제대로 아는 일이란 얼마나 어려운가. 물론 자신의 본모습을 끝까지 발견하지 못하고 페르소나만으로 살다가 죽는 사람들도 있겠지만, 그들은 결국 평생토록 자신의 온전한 인생을 살지 못하고 떠나는 것일 테다. 그런 면에서, 병욱의 외로움은 의미 있는 경고이자 성숙하고 진실된 삶을 향한 여정에서 꼭 필요한 단계일지 모른다.

"텅 비어 있는 매트한 타조알." 병욱은 자신의 외로움을 이렇게 표현했다. 광택 없이 단정한 거대한 타조알의 속이 텅텅 비어 있는 모습에는 병욱 스스로 바라본 자신의 모습이 반영되어 있을 것이다. 가지런한 이를 드러내며 태양처럼 환한 웃음을 짓는 청년이지만, 그의 마음은 커다란 공백으로 아프게 전율하고 있었다.

| 7장 |

물을 가득 머금은 푸른 스펀지

친밀한 관계에 대한 애착

우리는 모두 가까운 사람들과의 관계에서 친밀감을 원한다.
누구나 친밀감을 둘러싼 성장통을 앓고,
그 과정에서 외로움을 느끼지만,
점차 친밀한 사람이 옆에 없더라도 살아가는 방법을 익히게 된다.

세찬 비를 뚫고 와 물기에 흠뻑 젖은 세연(가명)은 자기 몸만 한 커다란 여행용 캐리어와 함께 2층 인터뷰 장소로 올라왔다. 기숙사 퇴소 절차가 이렇게 오래 걸릴 줄 몰랐다며 물기를 닦는 그의 모습이 살짝 안쓰러워 보였다. 그러나 빗물에 흠뻑 젖었음에도 그의 싱그러운 분위기는 한껏 도드라졌다. 저렇게 앳돼 보이는 그의 마음에 어떤 외로움이 잠재해 있는 것일까? 우선 요즘 어떻게 지내는지 근황을 물었다.

전 늘 친구들과 보내는 것 같아요. 그래서 혼자 있는 시간이 거의 없어요. 저는 제가 혼자 있을 틈을 전혀 만들어 놓지 않거든요.

이제 스물한 살, 대학교 2학년이 된 그는 아침잠이 많아서 일부러 오전 강의는 신청하지 않는다고 했다. 밤 늦게 자고 오전 늦게 일어나는 경우가 대부분이기 때문이다. 피곤이 풀릴 때까지 자고 일어나면 점심이 가까운 시간, 그는 그제야 강의 들으러 갈 준비를 한다. 친구를 만나 점심을 해결하고, 오후 마지막 강의까지도 언제나 친구와 함께였다.

> 아주 어렸을 때도 친화력이 엄청 좋았다고 엄마가 얘기해 줬어요. 보통 어릴 땐 낯을 많이 가리잖아요. 그런데 전 동네에서 저와 비슷한 또래 아이가 지나가면 잘 모르는 친구여도 다가가 곧잘 말을 걸고 친해졌대요.

어린 시절부터 친구를 사귀는 덴 늘 자신감이 넘쳤던 그였다. '내가 말을 걸면 쟤는 분명 나를 좋아하게 될 거야.' 그는 처음 보는 친구에게도 망설임 없이 먼저 다가갔다. 초등학생 때 전학 가서도 짧은 기간에 새로운 친구들을 쉽게 사귀었다. 심지어 2년 동안 미국에 유학을 갔을 때도 외국인 친구들과 어렵지 않게 친해질 수 있었다.

세연의 이야기를 들어 보니 그간의 삶이 온통 또래 친구들과 함께한 추억으로 가득했다. 이야기만 들었을 때 그는 전혀 외로워 보이지 않았다. 이제 막 성인이 된 그는 신나고 즐거운 대학 생활을 이어 가야 할 때인데, 무엇이 그를 외롭게 하는지 처음에는 선뜻 이해가 되지 않았다.

"지금까지 말씀해 주신 걸 보면 잘 지내고 있는 것 같은데, 외로움은 언제부터 느끼게 된 건가요?" 내가 조심스럽게 말문을 열었다.

세연은 고등학교 2학년 때 우울감과 외로움을 처음 느낀 것 같다고 운을 뗐다. 원래 그는 잠을 깊게 자는 편이었다. 그런데 언젠가부터 새벽 4시가 되면 이유 없이 깨어나 울게 되는 날이 많아졌다. 새벽에 일어나 우는 일이 잦아지면서, 하루는 무서운 마음에 어머니에게 이 문제를 털어놓고 상의했다. 어머니는 아마도 학교 수업에 부담을 많이 느껴서 그런 것 아니겠느냐며 마음을 편히 먹으라고 다독여 주셨다.

> 그때까지 잠을 자다가 깨는 일은 없었어요. 그런데 2학년이 되고부터 어두운 새벽에 자주 잠이 깨더라고요. 왜 눈이 떠졌는지 저조차 몰랐어요. 홀로 침대에 가만히 앉아 있자니 막 외롭기도 하고 무섭기도 한 이상한 감정이 밀려왔어요. 커다란 감정 속에 삼켜진 느낌이랄까… 다시 잠을 자려고 해

도 잠은 오지 않고… 감정에 못 이겨 한참을 펑펑 울었던 것 같아요. 이제껏 살아오면서 아무 이유 없이 그렇게 운 적 없었거든요.

한번은 울어도 울어도 눈물이 그치지 않아 옆방에서 주무시는 엄마를 깨웠어요. 엄마도 깜짝 놀라셨죠. 그래도 엄만 제 이야기를 침착하게 들어 주셨어요. 그땐 그냥 제가 학교 수업에 부담을 느껴서 그랬던 거라고 결론을 내렸어요. 근데 그게 다는 아니었던 것 같다는 생각이 들어요. 시간이 꽤 지난 지금도 그때 제가 왜 울었는지 저도 잘 모르겠어요. 그러고는 한동안 괜찮다가 성인이 되고 나서 갑자기 그 감정들이 다시 찾아온 것 같아요.

어째서 새벽 4시에 계속 깼던 것일까? 수면장애에는 여러 가지 원인이 있기에 쉽게 무엇 때문이라고 단정 지어 말하기는 어렵다. 스트레스 때문일 수도 있고, 호르몬의 변화 때문일 수도 있고, 혹은 카페인이 든 음료나 불규칙한 일과 등 다양한 요인이 관여한 결과일 수도 있다. 하지만 그 원인이 무엇이든, 아직 동이 트지 않은 깜깜한 새벽에 깨어 혼자 멍하니 있으면 당연히 외롭고 무서운 감정이 들 것이다.

그렇다면 고등학생 때 느꼈던 외로움이 요즘 다시 찾아온 이유는 무엇일까? 세연은 "단순히 부모님과 떨어져 지내기 때문은 아닐 것"이라고 말했다. 그 말에서 나는 거꾸로 세연이 부모님과 떨어져 지내는 현재의 삶에 충분히 만족하지 못하고 있다는 것을 느낄 수 있었다.

그의 가족은 유독 대화가 많고 화목했다. 모두 모이는 날이면 함께 외식하러 나가거나 카페에 가서 차를 마시며 도란도란 이야기를 나누곤 했다.

고등학생 시절에도 세연은 하교 후에 친구들과 놀지 않고 바로 집으로 돌아왔다. 하루 동안 있었던 일들을 재잘재잘 이야기하며 거실에서 부모님, 동생과 함께 TV를 보거나 맛있는 음식을 먹는 시간이 그에게 큰 안정감을 주었다. 집에는 그의 방이 따로 있었지만, 공부 시간을 제외하면 방에서 혼자 머무는 시간은 거의 없었다.

그러다 우연히 친구들은 그렇지 않다는 것을 알게 되었다. 친구들은 언제나 가족과 함께 시간을 보내는 세연을 오히려 신기해하는 것 같았다. 대부분은 가족과 부대끼는 시간을 싫어했다. 집에 도착하면 바로 자기 방에 들어가 방문을 잠가 버린다는 것이었다. 친구들의 이야기를 들으며 세연은 내색하지 않았지만, 자신이 조금 다르다는 생각을 했다.

그래서였을까, 대학에 입학한 후 혼자 기숙사에 살면서, 세연은 홀로 마주하는 적막이 너무나도 낯설었다. 스스로 초긍정적인 성향이라고 생각해 왔는데, 이처럼 자신을 무기력하게 만드는 감정이 있다니, 당황스럽기까지 했다.

그는 점차 자신이 이중적인 사람이 되어 가는 것 같다고 느꼈다. 혼자 지내는 방에 들어오기 전에는 마냥 밝은 사람처럼 일상을 즐겼지만, 밤만 되면 미묘한 감정들이 찾아와 숨통을 조였다. 감정들은 몸 곳곳에 남아 있는 나쁜 기억들을 모두 불러왔다. 아주 어릴 적 친구와 싸우고 나서 마음의 상처가 깊이 남았던 일부터 최근 전 남자친구와 헤어진 일까지.

혼자 밤을 지내기가 힘들어졌어요. 우울감이 심해지면 새벽 4시나 5시까지 깨어 있기도 해요. 이 감정을 어떻게든 떨쳐 내려고 가끔 제 방에 친구들을 초대했어요. 그런데 그동안 제 고민을 열심히 들어 주던 친구들이 제 방을 보고는 "이 방 너무 아늑한데?", "난 여기서 혼자 살면 엄청 좋을 것 같은데!" 하는 식으로 얘기하더라고요. 좀 충격이었어요.

세연은 보통 타인에게는 영향을 받지 않는 성격이다. 그만큼 호불호가 확실하고 매사에 자신감이 넘치는 편이다. 그러나 밤만 되면 왜 그렇게 우울해지는지, 왜 밤마다 찾아오는 감정에 굴복하고 마는지 이해할 수 없었다. '내가 이렇게 연약한 사람이었나?' 우울의 늪에 한번 빠지면 헤어 나올 수 없는 그 시간을 어떻게 보내야 할지, 나름대로 깊이 고민하고 있었다.

이쯤에서 나는 어렴풋이 세연의 외로움을 이해할 수 있을 것 같았다. 우리는 모두 가까운 사람들과의 관계에서 친밀감을 느끼기를 원한다. 삶에서 중요한 가치로 친밀감을 꼽는 이도 많다. 그러나 사람마다 친밀감을 원하는 정도는 다르다. 나처럼 혼자 있는 시간이 중요한 사람은 아무리 사랑하는 사람이라고 해도 24시간은커녕 12시간도 같이 붙어 있기가 어렵다. 하지만 어떤 사람들은 잠잘 때를 빼놓고는 항상 누군가와 함께 있거나 온라인으로라도 접속 상태여야 마음이 편안하다.

세연은 부모 및 형제자매와 맺어 온 친밀감이 남다르게 짙은 경우라고 할 수 있다. 그 결과 일상적으로 기대하는 친밀감의 수준이 높을 수밖에 없었다. 하지만 그 정도의 친밀감을 가족으로부터 떠나 먼 타지에서 기숙사 생활을 하면서 누리기는 쉽지 않았을 것이다.

세연은 나름대로 자신의 우울과 외로움을 해결할 방도를 찾고 있었다. 좀 이상한 표현일 수 있지만, 그는 자신이 그런 부정적인 감정들을 일부러 느끼는 건 아닌지 생각해 보게 되었다. 다른 사람들과의 바쁜 만남 속에서 몸속 곳곳에 숨어 있던 감정의 덩어리들이 그 자신과 마주하는 시간을 기다려 왔을지도 모른다고 생각했다. 친구들과 만나 바쁘게 지내다 보면 자신의 감정을 제대로 느끼지 못한 채 지나 버리기 마련이니까, 마침내 그가 혼자 있을 때 그 쌓인 감정의 덩어리들을 느끼는 것일 수 있다는 이야기였다. 그는 이제 자신의 감정을 그렇게 조금씩 이해하기로 마음먹었다.

세연이 자신의 감정을 이해해 보기로 결심하게 된 이유 중 하나는, 학교에서 한 성격 검사 결과 '예술가 타입'이 나왔기 때문이다. 성격 검사는 그의 고민에 아주 조그마한 실마리가 되어 주었다.

마침 심리학을 전공하는 친구가 있어서 고민을 털어놓자, 친구는 세연이 '다른 사람이 쉽게 느끼지 못하는 감정까지도 느끼는 성향'이라고 말해 주었다. 우는 것 또한 그에겐 아주 중요한 일이 될 수 있다고 했다. 다른 사람들이 그가 느끼는 감정을 이해해 주지 못해도, 그런 사람들을 그가 먼저 이해해 주는 것이 훨씬 편할 거라고 조언했다. 친구의 설명은 세연의 답답함을 완전히 해소해 주진 못했지만, 비로소 그는 자신이 느끼는 감정의 이유를 조금이나마 알 것 같았다.

오늘날 점점 더 많은 사람이 성격 검사나 심리 검사에 관심을 갖는 까닭은 이처럼 답답한 부분에 관해 어느 정도 설명을 해 주기 때문이다. 그 설명이 충분하지는 않더라도, 상당한 안도감을 준다. 소위 'MZ세대' 사이에서 MBTI가 유행하는 것도 비슷한 이유일 것이다. 예를 들어 "내가 사람들을 만나기보다 혼자 있는 것을 좋아하는 건 I이기 때문이야"라고 하면, 그다음에 굳이 더 그 부분을 파고들거나 고민할 이유가 없어지는 것이다. 삶이 훨씬 간단명료해진다.

> 이런 생각을 한다는 것 자체가 웃기지만, 제 외로움의 모양은 아마도 '물을 가득 머금은 스펀지 공'인 것 같아요. 회색과 파란색을 띤, 슬라임 같은 스펀지 공이요.

그레이블루 컬러의 물이 가득 찬 스펀지 공. 세연은 몸 안에 내재된 슬픔과 여러 가지 감정을 마주할 때마다 그 덩어리를 일부러 '꾸욱' 눌러 축축한 내용물을 흘려보내는 것인지도 모른다. 이것저것 뒤섞인 불순물 같은 감정의 덩어리는 결국 그의 일부가 아니었을까.

여러 차례의 시행착오 끝에 세연은 혼자 시간을 보내는 법을 터득했다. 기숙사에 도착하면 이제 유튜브 방송을 틀어 놓는다. 사실 듣고 있진 않지만, 누군가의 음성이 작은 방 안에 울려 퍼지는 것만으로도 위로가 되는 것 같다. 심하게 감정이 격해지는 날에는 맛있는 음식을 주문해 먹기도 한다. 신나는 노래를 들으며 감정을 쫓아내기도 하고, 때로는 일부러 슬픈 노래를 찾아 들어 울다 지쳐 잠드는 것도 그가 찾은 하나의 방법이다.

세연이 지금 가장 마음을 두는 이는 '영상 통화 친구'다. 중학생 때부터 만나 온 이 친구와는 언제든지 전화를 받을 수 있도록 서로의 스케줄을 공유한다. 친구도 그와 비슷한 성격의 외로움을 느끼고 있었는데, 그 사실이 그에게 위로가 되었다. 두 사람은 잠들 때까지 서로 얼굴을 마주 보며 이야기를 나눈다. 더러는 새벽에 잠이 깨면 서로에게 전화를 걸기도 한다. 오랜 친구와 늦은 밤까지 영상 통화를 하면서, 세연은 그날의 부족한 친밀감을 채운다.

둘 다 예민한 날이거나 한쪽이 우울해하면 "이 일은 생각보다 별거 아닐 거야! 내일 자고 일어나서 맛있는 거 먹으면 반드시 괜찮아질 거야!"라고 얘기하곤 해요. 근데 정말 다음 날 일어나서 맛있는 음식을 먹으면 괜찮아지더라고요.

세연은 그동안 고민해 온 것들이 인터뷰를 진행하면서 어렴풋이 갈피를 잡은 것 같다고 말했다. 일상에서 크고 작은 일들에 맞닥뜨려 가며 '세상'을 알아가듯, 그는 '자신'에 대해서도 그렇게 용기 있게 끊임없이 배워 가는 중이었다.
"뭐든 가볍게 생각하면 다 괜찮을 거예요." 인터뷰를 마친 세연이 미소로 마지막 말을 건넸다. 여전히 빗소리가 가득한 밤길, 그는 또다시 큰 캐리어를 끌고 어둠 속으로 뚜벅뚜벅 걸음을 옮겼다. 이제 방학이 시작되었으니, 세연은 다시 가족의 품으로 돌아가서 한동안 친밀한 시간을 보낼 것이다.

누구나 가족의 품을 떠나 어른이 되어 간다. 성인이 된 후에도 우리는 나이에 걸맞은 '어른'이 되기 위해 바쁘게 살아간다. 제각각 시기와 모양은 다르겠지만, 친밀감을 둘러싼 성장통을 한 번도 겪지 않은 사람은 아무도 없을 것이다.
어린 시절 소꿉놀이하며 부부가 되자고 맹세했던 아이들

도 학교에 들어가면 각자 새로운 친구를 사귀고, 학창 시절 평생 함께하자고 다짐한 친구들도 더러는 먼 타국으로 떠나 가끔 연락하기도 어려운 사이가 되기도 한다. 나이 들어서도 친밀감의 문제는 계속 남는 숙제다. 우리는 목숨을 내줄 수 있을 만큼 사랑하는 존재도 먼저 떠나보내거나 떠나야 한다.

우리는 친밀감을 둘러싼 성장통을 늘 달고 산다. 세연이 고등학교 2학년이 되어 깜깜한 어둠 속에서 눈을 떠야만 했던 이유도, 지금도 새벽녘에 잠을 설치는 이유도 아마 친밀감을 조절해 가는 성장통일지 모른다. 성인이 되면서 우리는 친밀한 관계가 옆에 없더라도 살아가는 방법을 익히게 된다. 그러다가 어느 순간에는 홀로 있는 시간을 즐기게 되기도 하고, 혼자만 있고 싶다는 생각을 하게 되기도 한다. 모든 동물이 엄마 품에 한껏 안겨 있다가도 언젠가 독립하듯이, 우리 인간도 스무 살 남짓이 되면 조금씩 자기만의 길을 걷게 된다. 그 과정이 때로는 힘들고 고통스럽기도 할 것이다.

멀리 사라져 가는 세연을 바라보며, 나는 한 걸음 한 걸음 어른의 길로 들어서는 그의 발걸음이 그저 외롭지만은 않기를, 머잖아 그 밤의 시간 또한 아무렇지 않게 맞설 수 있는 날이 오기를 기원했다.

| 8장 |

무정형

생활의 무게

오토바이를 타고 길거리를 달릴 때, 지나가는 사람들을
쳐다볼 때, 더운 날 콜을 기다리며 편의점 앞에 진을 치고 있을 때,
집에 혼자 앉아 멍하니 벽만 보고 있을 때…
그 시간이 그에게는 다 외롭다.

오토바이를 세워 놓고, 종일 바삐 움직이느라 지친 몸뚱어리를 끌고 다가구주택 4층 계단을 오른다. 창문으로 비스듬히 스며든 계단 밖 희미한 가로등 불빛에 기대 열쇠 구멍에 열쇠를 꽂는다. 문을 여니 쥐새끼 한 마리 반기지 않는 어두컴컴한 여덟 평 남짓 원룸이 그를 맞이한다. 오십이 넘은 나이지만, 아직 제대로 된 집 한 채 없다. 땀에 젖은 양말을 대충 벗어 던져 놓고, 구석에 놓인 매트리스 위로 몸을 던진다. 피로하고 외롭다. 이런 삶을 언제까지 계속 살아야 하는 걸까.

    어릴 적 가장 첫 기억은 세 살 때입니다. 좀 좋지 않은 기억인데… 말을 안 듣는다고 홀딱 벗겨진 채로 쫓겨난 적이 있어요. 그때 집 앞 도로에서 너무 추워 덜덜 떨던 기억이 나요. 그땐 그게 무슨 감정인지 몰랐지만, 아마 그게 외로움이었을 것 같습니다.

검은색 팔토시를 하고, 왼쪽 어깨에 벨트로 핸드폰을 매단 라이더 복장의 종규(가명). 그의 왼팔엔 커다란 헬멧이 안겨 있었다. 누가 봐도 영락없는 배달원의 모습이었다. 그는 집에서 쫓겨났던 세 살 때의 기억을 시작으로 말을 이었다.

부모님은 자주 싸우셨다. 아버지는 술을 좋아하셨는데, 아무 이유 없이 세 살 된 그의 얼굴을 담뱃불로 지지기도 했다. 아마도 자신이 둘째이기 때문이었을 거라고 그는 무심코 추측했다. 위로 두 살 터울인 형과 아래로 네 살 터울인 동생에게는 그런 일이 없었기 때문이다. 할머니 댁에 2년간 맡겨졌을 때도 둘째인 종규 혼자뿐이었다. 그의 표현을 빌리자면 "둘째는 아파도 지랄, 가만히 있어도 지랄"이라고. 삼형제 사이에서도 외롭게 성장한 그는 지금도 형과 동생에겐 연락하지 않고, 연락이 오지도 않는다.

집안 형편이 몹시 어려웠어요. 그래서 국민학교 때부터 형이랑 신문을 돌렸죠. 부모님이 싸우시고 두 분 다 가출한 적도 있는데, 그때 저희끼리 알아서 밥해 먹고, 학교 가고 그랬습니다. 중학생 땐 아예 나가 살았죠. 중학교도 억지로 다니다가 그 뒤로 학교는 싫어서 안 가고… 10대 때부터 밖에서 의식주를 모두 해결했습니다. 신문배급소 소장님이 배급소에서 머물 수 있게 해 줬거든요. 그 배급소에서 좀 오래 있었습니다. 좀 더 커서는 신문 판촉 관련 일도 하면서 전국을 돌아다녔어요. 사실 뭐 본사 쪽 일이긴 했어도 그게 온종일 싸우는 일이거든요. 모르는 사람들이랑 위아래 없이 싸우는 일. 그러다가 친구들이랑 술집도 해 보고, 선거운동 하는 이름 있는 분들 밑에서 운전이나 그런 것도 해 보고, '생활'이라는 것도 좀 해 봤죠.

그가 말한 '생활'이란 '조폭 생활'이었다. 청년 시절, 주로 지방에서 거뭇한 남자들과 함께 지냈다. 그의 친구 중에는 여전히 현역으로 일하는 이도 있다. 사실 '생활' 하면서 돈도 짭짤하게 만질 수 있다는 것이 그에겐 큰 흥밋거리였다. 그러나 멀리서 바라볼 땐 그저 '멋있는 양반들'처럼 보이던 그들의 속내를 직접 들여다보니 그 '생활'도 곧 싫증이 났다. 사건이 크게 한번 터지면 교도소에 가야 하는 일도 많았다. 그럴 때마다 당사자는 조직원 중 애먼 사람을 지목해 대신 교도소에 보냈다. 이간질과 배신이 판을 치는 곳에서 그는 오래 버틸 수 없다고 생각해 그 '생활'을 깨끗이 청산했다.

저도 감옥에 두 번 정도 들어갔다 나왔습니다. 처음에는 '범죄단체 조직 결성 죄'로 갔고, 두 번째는 '공무집행 방해 죄'로 갔습니다. 늦은 밤에 술 마시고 친구랑 셋이 걸어가고 있었는데 어떤 지나가던 사람이 갑자기 제 턱주가리를 한 대 날리더라고요. 그래서 도망가는 사람을 집까지 쫓아갔죠. 경찰이 왔는데 그 사람이 자긴 저를 때린 적이 없다고 잡아떼지 뭐예요. 당시엔 CCTV도 없던 시절이었고, 친구들이 봤어도 충분한 증거가 안 된다며 우리 얘긴 들어 주지도 않았어요. 저항하다가 가스총을 세 번이나 맞고 정신없이 주먹을 휘둘렀는데, 하필 경찰이 맞았나 봐요. 그렇게 한 번 끌려갔죠. 그래도 그게 마지막이었어요. 참, 그땐 더한 짓도 많이 하고 살았습니다. 말을 안 할 뿐이지⋯.

잠시 풀어 놓은 옛이야기만 들어도, 그의 삶은 평범하지 않았다. 가난에 찌든 삶, 파괴된 가정, 부모로부터 받지 못한 사랑⋯ 어릴 적부터 직접 뛰면서 돈을 벌었지만, 그의 노력은 쉽게 보상받지 못했다.

젊은 시절 외로움이 가장 크게 느껴진 때는 언제였냐고 종규에게 물었다. 그러자 그는 "돈을 벌다가 벌지 못하면 사람들이 떠나가던 때"라고 나지막이 대답했다.

종규에게는 친한 친구가 셋 있다. 어려운 시절 함께 동고동락하는 사이였던 그들은 각각 술집을 운영했다. 그 친구들만이 그의 외로움을 받아 주었다. 친구들은 자신들이 운영하는 가게에 종규가 오면 술값도 받지 않고 술을 마음껏 마시도록 눈감아 주었다. 그는 술을 가장 많이 마신 때가 아마도 그 시절이었을 거라고 말했다. 물론 지금은 집에 술이 있어도 마시지 않는다. 술을 마시면 다시 안 좋게 될 거라는 불안 때문이다. 나름대로 자기 관리를 하는 셈이다.

과거에 '말술'이었던 그는 곁의 사람들이 떠나갈 때마다 외로움이 느껴지지 않을 때까지 진창 술을 마셨다. 거의 매일 술만 마신 것 같다. 그러나 아무리 술을 마셔도, 돈이 없으면 그렇게나 매몰차게 사람을 떠나가는 그들이 전혀 이해되지 않았다.

> 한동안 그러고 살았어요. 그러다 운 좋게 돈을 줄 수 있는 사람을 만났죠. 그 사람이 다른 건 다 필요 없고 그냥 자기 차

운전만 하고, 자기가 주는 돈으로 밥이나 먹고 다니라고 하더라고요. 그때 그분을 많이 쫓아다녔죠. 용돈도 알아서 챙겨 주고 옷도 양복 같은 거 딱 사 주면서 제 어깨에 힘도 실어 주시고. 잠은 여관에서 자면서 그분이 나오실 때 저도 같이 나와서 종일 운전하고 다녔습니다. 이것저것 별거 다 해 봤지만, 결론은 누가 돈을 벌고 얼마만큼 주느냐에 따라서 사람 관계가 바뀌더라고요. 그땐 그 나름대로 재미도 있고, 멋도 있다고 생각했지만 다 소용없어요. 돈 없으면 다 떠나가고… 지금도 그 세 친구 빼면 안 보는 친구들 많습니다.

그는 오랫동안 고민했다. 팔자를 잘 타고난 사람들, 부모를 잘 만난 사람들은 떼돈을 잃어도 늘 어딘가에서 돈이 나왔다. 돈 있는 사람은 계속 돈이 생긴다. 그러나 돈이 없는 사람들은 한번 돈을 까먹으면 그대로 주저앉아 다시 일어나지 못한다. 나는 왜 이리 힘들게 살아야만 할까? 그러나 별다른 도리가 없었던 그는 뼈아픈 현실을 있는 그대로 몸으로 맞아 가며 계속 살아가야만 했다.

아이 엄마, 딸과는 헤어진 지 10년이 다 되어 간다. 지금 딸은 열아홉 살, 올해 고등학교를 졸업한다. 아이 엄마와는 연락하지 않아도 딸과는 근근이 연락을 주고받는다. 물론 지금은 코로나 바이러스가 기승을 부리는 바람에 딸과 만나지 못한 지 2년이 다 되어 가고 있지만.

딸의 핸드폰비와 용돈은 종규가 보내 주고 있다. 딸은 가끔 용돈이 떨어지면 아빠에게 용돈을 더 보내 달라고 재촉하는 문자를 보낸다. 그가 용돈을 더 보내면 딸은 곧 '땡큐'라고 짧은 문자를 보낸다. 그는 딸의 그 심심한 문자 하나에도 웃음이 난다. 딸은 그가 삶을 지속해야만 하는 이유다.

> 서른 넘어서 늦게 결혼하고 늦은 나이에 딸 하나 낳았습니다. 딸이 아주 어렸을 때부터 지 엄마보다 저를 잘 따랐어요. 지금도 그래요. 딸이 초등학교 2학년 때까지 같이 살았는데, 애 엄마가 데리고 떠났습니다. 그래도 이혼하고 나서도 딸은 저를 싫어하진 않아요. 전 이혼한 거 절대 후회 안 합니다. 애 엄마가 진짜, 사람이라고 할 수 없거든요. 다만, 제가 좀 더 일찍 정신을 차렸다면 딸은 데리고 살 수 있지 않았을까, 후회합니다. 그냥 애하고 단둘이만 살아도 좋을 것 같아요.

아이가 생긴 후 그는 대리운전으로 돈을 벌었다. 대리운전만으로도 세 식구가 먹고살 만큼 벌 수 있었다. 처음에는 주간에만 일하다가 야간에 돈이 더 잘 벌린다고 해서 마다하지 않고 밤에도 대리운전을 뛰었다.

그러나 사업을 시작하거나 새 일을 할 때마다 아이 엄마는 매번 그에게 "넌 뭘 해도 안 돼"라며 타박을 주곤 했다. 그 말은 종규의 가슴에 퍼렇게 새겨졌다. 그 말을 들을 때면 무엇 하나 제대로 할 수가 없었다. 물론 한 번 사업을 시작하려다가 돈을 잃은 적이 있긴 했다. 하지만 돈을 벌 수 있는 수단을 찾으려 할 때마다 지지해 주기는커녕 어쩌면 그렇게 자존심을 깎아 버리는지….

야간 대리운전을 할 때도 마찬가지였다. 아이 엄마는 그가 일을 하는 중에도 술을 마시고 시도 때도 없이 전화해 일을 방해했다. 언젠가는 아직 어린 딸에게 전화가 온 적도 있다. "엄마가 가게에서 술을 마시고 있는데 나 좀 집에 데려가 달라고…." 가족을 책임지기 위해 성실히 살아 보려고 무진 애를 썼지만, 아이 엄마는 그에게 방해만 될 뿐이었다.

> 이혼하고 나서도 아주 난리였어요. 한번은 문제가 생겼다고 연락이 와서 일하다 말고 애 엄마 뒤처리를 해 주러 갔는데, 그럴 때마다 성질이 나요. 이혼한 게 뭐 자랑이라고, 애 아빠 없다고 동네방네 떠들고 다니는데, 자기 재미에 아이는 신경

도 안 쓰죠. 결혼하고 얼마 지나지 않았을 때도 사람 되긴 글러 먹었다고 생각했는데, 그 정도일 줄은 꿈에도 몰랐습니다.

복장이 터질 만큼 마음이 힘든 것은 그였지만, 어느 날 그가 밖에 있을 때 아이 엄마는 딸을 데리고 떠나 버렸다. 그는 그렇게 이혼남이 되었다. 아이라도 데려오고 싶었지만, 딸이기 때문에 엄마에게 있는 것이 좋을 거라고, 그는 홀로 마음을 다독였다. 결국 방 보증금까지 아이 엄마에게 넘긴 그는 다시 밖에서 의식주를 해결했다. "저야 뭐… 밖이 무섭지 않은 사람이니, 제가 보증금 빼서 줘야지, 별수 있겠습니까?"

예전엔 술을 참 많이 마셨지만, 이젠 술을 잘 안 마셔요. 세상에서 가장 맛없는 술이 뭔지 아세요? 혼자 먹는 술이랍니다. 그리고 사실 전 술 마시는 여자 만나는 것도 좋아하지 않아요. 사람들과 어울리는 걸 좋아할 뿐이에요. 그냥 밥 먹고 간단히 술 한잔하면서 얘기하는 걸 좋아하지, 가무를 좋아하진 않거든요. 어울리는 사람이 대부분 남자여서 어쩔 수 없이 여자 있는 술집을 갈 때도 물론 있죠. 그래도 전 어릴 때부터 지키던 원칙이 있습니다. 일하는 여자분하곤 딱 한 잔만 하고 알아서 시간 보내라고 합니다. 그분도 일하는 중이니까 그 정돈 필요하다고 생각하거든요. 그렇게 선을 딱 긋고 더 어울리거나 하지 않아요. 그렇다고 무시하는 건 아닙니다. 그분은 일하시는 거지, 내 여자는 아니니까….

종규는 "사람이라면 책임감이 있어야 한다"고 거듭 강조했다. 먼 훗날 딸이 남자친구나 남편감을 데리고 와도 그렇게 말해 줄 것 같다고 했다. "자기가 맡은 일에는 사소한 것이라도 책임을 져야 한다." 지금까지 삶을 살아오면서 그는 '책임'을 평생의 모토로 삼았다. 배달 가는 곳이 아무리 험하고 힘들어도, 음식이 내 손에서 떠나기 전에는 자신이 책임진다는 마음으로 그는 오늘도 성실하게 일한다.

책임감에 대한 남다른 열정은 대리운전을 하면서 쌓아 온 그만의 자존심이다. 대리운전으로 이곳저곳 오지도 많이 가봤다는 그는, 추운 날에도 남부럽지 않을 정도로 많은 시간을 걸어다녔다. 대리운전을 부르는 사람들은 어찌 그리도 높은 곳에서 사는지, 일을 마치고 나면 그는 대중교통을 이용할 수 있는 대로가 나올 때까지 하염없이 걸었다.

걸으면서 늘 책임감에 대해 생각했다. 내가 좀 더 일찍 책임감을 느끼고 살았더라면, 내가 좀 더 일찍 철이 들었더라면…

딸만큼은 같이 살 수 있지 않았을까, 하는 생각을 떨쳐 낼 수 없었다.

지금 그는 많은 사람이 이용하는 배달 플랫폼에서 일한다. 아침이면 누룽지를 끓여 요기를 한 후 라이더 복장을 하고 단골 커피집까지 오토바이를 타고 달린다.

> 그 단골집을 이용한 지는 3년 정도 돼 가요. 보통 아이스 아메리카노를 마시는데, 이젠 카페 알바생이 저만 보면 알아서 제가 좋아하는 원두로 커피를 만들어 줍니다. 알바생이 바뀌어도 제가 오면 이것만 주면 된다고 교육하더라고요. 그 카페에서만큼은 제가 좋아하는 향의 커피를 맛볼 수 있어서 전 거기만 갑니다. 좀 멀어도요. 그 시간은 저만을 위한 시간이에요. 그렇게 커피를 한 잔 딱 마시고 나면 거기서 배달 앱을 켜요. 그리고 콜이 올 때까지 무작정 기다리죠.

콜 알림이 올 때까지 길게는 30~40분을 기다려야 한다. 그 시간이 꽤 초조해 그는 그때만큼은 아무것도 할 수 없다고 했다. 그저 핸드폰 화면만 바라보고 있을 뿐. 정상적으로 배달을 하면 하루에 40건 정도는 거뜬히 할 수 있지만, 많은 날은

60~70건 정도 달려야 한다. 일을 할 땐 그저 미친 듯이 해야 돈이 되는 것이 사실이었다.

하지만 하루 40건 이상 일을 하려고 해도 오토바이를 열 시간 이상 타야 하는 것이 문제였다. 한 라이더가 단시간에 연달아 콜을 받지 못하도록 배달 플랫폼에서 막아 놓았기 때문이다. 무엇보다 플랫폼이나 사업소득세 또는 산업재해 공단에서 틈틈이 떼어 가는 돈이 많아 오토바이를 오랜 시간 타더라도 큰돈이 모이지는 않았다.

콜을 기다릴 때 그는 더위 혹은 추위 속에서 지나가는 사람들을 하염없이 바라본다. 많은 사람이 자신의 행선지를 향해 씩씩하게 나아가는 모습을 볼 때면, 그는 간혹 자신의 처지가 처참하게 느껴진다. 길거리를 달릴 때나 지나가는 사람들을 쳐다보면서 처량할 때, 더운 날 콜을 기다리며 편의점 앞에 진을 치고 있을 때, 집에 혼자 앉아 멍하니 벽만 보고 있을 때… 그 시간이 종규에게는 다 외롭다.

나는 그동안 여러 종류의 외로움에 관해 들어 보았지만, 종규의 외로움에 대해 듣고는 어떤 위로도, 어떤 격려도 해 줄 수 없다는 무력감에 답답했다. 우리는 어릴 때부터 노력하는 사람에게는 좀 더 나은 삶이 기다리고 있다고 배우지만, 삶에서 실제로 중요한 부분들은 노력 여하보다 자신이 어떻게 해볼 수 없는 운명처럼 주어지는 경우가 많다. 그것만큼 우리를 슬픔의 심연으로 빠뜨리는 게 또 있을까? "어째서 나는?"이라는 질문에 대답하기 어려울수록, 그 답답함과 슬픔은 짙을 수밖에 없다.

종규가 그토록 가난한 집에서 태어난 것, 부모의 불화와 가출을 겪은 것이 그의 노력 여하에 따라서 달라질 수 있었을까? 운명처럼 맞닥뜨린 어린 시절의 불행은, 안타깝게도 한국 사회에서는 극복해 나갈 가능성이 크지 않다. 대부분 평생 그 그림자를 드리운다.

종규는 게으르지 않았다. 그는 조금 더 나은 삶을 살기 위해 노력하는 사람이었다. 그렇기에 조폭 생활을 스스로 접었고, 그렇게 좋아하던 술도 끊었다. 가정을 이루면서는 대리운전을 하면서 어떻게든 잘살아 보려고 애썼다. 그러나 그조차도 잘되지 않았다.

종규의 아내는 놀기 좋아하는 사람이었다. 새벽에 집에 들어가면 그때까지 술집에서 다른 사람들과 어울려 술을 마셔 고주망태가 되어 있곤 했다. 두 사람 사이에 어떤 일들이 있었는지 자세히 알지 못하기에, 누구 한 사람을 탓하기는 어렵다. 하지만 결혼 생활의 실패는 종규를 또다시 더 깊숙한 외로움으로 밀어 넣었다.

이제 오십이 넘은 그는 자기 한 몸을 살기 위해 부지런히 오토바이를 몰며 배달을 한다. 그에게 유일한 꿈이 있다면, 언젠가 딸과 함께 사는 것이다. 그의 외로움에 머지않아 끝이 있기를, 소원대로 그가 저녁이면 딸과 함께 깔깔 웃을 날이 머지않아 오기를 간절히 바란다.

| 9장 |

물살에 떠내려가는 스티로폼

책임감에 짓눌린 삶

사람에게는 누구든지 적당한 혼자만의 시간이 필요하다.
"고독할 수 없어 외롭다"고 하지 않던가.
고독한 시간은 나를 나 자신일 수 있게 해 주는 중요한 시간이다.
적든 많든, 온전히 자기 자신만을 위한 시간을 가져야 한다.

여느 때와 다름없는 한낮의 오후, 정화(가명)의 목소리를 처음 들었다. "제가 선정될 거라곤 생각도 못했는데, 정말 감사합니다!" 당차고 밝은 그의 목소리에 기지개를 켠 듯 온몸의 감각이 시원해졌다. 어디서나 만날 수 있는 활기찬 중년 여성처럼 보였다. 전화기 너머의 정화는 인터뷰 전날 가족들과 함께 일정을 맞춰 상경할 것 같다고 말했다.

인터뷰 당일에 다시 전화가 걸려 왔다. 정화의 번호를 확인하고 '혹시?' 하는 생각이 들었지만, 그는 곧 나를 안심시켜 주었다. "아, 다름 아니라 커피를 사 가려고요. 아이스 아메리카노 괜찮으신가요? 사무실 직원은 모두 몇 분이죠?" 괜찮다는 말에도 그는 커피가 필요하지 않냐며 거듭 물었다. 배려가 참 많은 분이구나, 나는 생각했다.

얼마 후 그를 대면했다. 목덜미까지 단정하게 떨어지는 단발에 다소 헐렁한 듯 편안해 보이는 티셔츠와 청바지 차림. 예상한 대로 정화는 다정하고 활기찬 평범한 '엄마'의 모습을 하고 있었다.

정화는 네 살, 여섯 살의 두 아이가 있는 워킹맘이었다. 늦은 나이에 결혼하고 아이를 낳아 키우면서 일도 병행해야 하는 현실이 많이 부담스러웠다. 혼자서 보낼 수 있는 시간이 전혀 없었다. 하루 중 허락된 혼자만의 시간은 겨우 출근길에 산책로를 걷는 30분 정도였다.

퇴근 후에는 여느 엄마들과 똑같이 아이들을 돌봐야 했다. 물론 아파트 옆 동에 사는 친정 부모님이 어린이집에서 두 아이를 데려오고 집안일도 많은 부분 도와주고 계셨지만, 친정 부모님의 눈치를 보는 일은 온전히 그의 몫이었다.

정신없이 애들 밥 먹이고 나면 애들은 그때부터 또 시끄럽게 놀죠. 엄마랑 지내는 시간이 짧다 보니, 저랑도 같이 놀고 싶어 해요. 그러곤 밤늦게 11시쯤 잠이 들어요. 애들이 잠들면

제 일과도 끝나는데, 진짜 아침 7시부터 밤 11시까지 일이 끝나지 않는 느낌이에요.

왜 외로운지 물었다. 정화는 "혼자서 보낼 수 있는 시간이 너무 없어요"라고 대답했다. 일반적으로 우리는 외로움의 원인이 '주변에 사람이 없어서'라고 생각하기 쉽다. 그러나 정화는 정반대였다. 그는 오히려 주변에 너무나도 많은 관계가 있어서 외로움을 느끼고 있었다.

아침부터 남편을 챙기고 아이들을 어린이집에 보낸 다음, 차를 타고 출근해서 계속 사람들과 부대끼며 일을 해야 한다. 퇴근 후 집에 돌아오면, 친정어머니의 잔소리를 들으며 집안일과 육아를 한다. 남편이 퇴근해 들어와도 편안하게 대화 한마디 나눌 시간이 없다. 아이들을 재워야 하기 때문이다. 그러다 보면… 하루가 다 지나간다. 피곤한 몸으로 침대에 누우면… 바로 또 아침이다.

사람에게는 누구든지 적당한 혼자만의 시간이 필요하다. "고독할 수 없어 외롭다"라는 말이 있다. 고독한 시간은 나를 나 자신일 수 있게 해 주는 중요한 시간이다. 우리는 24시간을 계속 다른 사람들과 부대끼며 살 수 없다. 적든 많든, 온전히 자기 자신만을 위한 시간이 필요하다.

그렇게 혼자 있을 때 우리는 자신을 돌아보기도 하고, 자신에게 아무에게도 방해받지 않는 고요한 휴식을 선사하기도 한다. 그동안 정리하지 못했던 것들을 차근차근 생각해 보면서, 앞으로 어떻게 살아갈지 가늠하면서 자신을 정돈하기도 한다. 그런데 정화에게는 그런 시간이 충분히 주어지지 않았다. 아침 출근길에 산책로를 걷는 30분이 자신에게 집중할 수 있는 유일한 시간이었다.

정화는 무엇보다 자신의 '의지대로' 살고 싶다고 했다. 자신의 삶이 누군가에 의해서 조종당하고 있는 것 같은 느낌. 나이가 이미 마흔이 넘었지만, 여전히 누군가의 눈치를 보면서 살아야 한다는 건 그 자체로 참 피곤한 일이다.

어떻게 보면 내가 보는 나랑 남이 보는 내가 굉장히 달라요. 거기서 오는 괴리감이 커요.

친정 가족들은 정화에게 "넌 네 주장이 너무 강해. 그간 원하는 대로 다 하면서 살아왔잖아"라고 말하곤 한다. 그러나 그는 그렇게 생각하지 않는다. 가족들이 그렇게 말할 때마다 상당히 억울했다.

정화는 어린 시절부터 누군가의 눈치를 보는 일이 익숙했다. 가족, 친구, 사회에서 만난 사람들의 눈치를 보면서 그들이 원하는 대로 맞춰 주는 것이 늘 습관처럼 몸에 배어 있다. 어쩌다 불편한 상황이 발생하면 자기 때문에 그런 건 아닌지 고민하기도 한다.

아버지는 젊은 시절 노조 위원장으로 사회운동을 열심히 하셨다. 그러다 정화가 중학생이 된 어느 날, 갑자기 쓰러지셨다. 당시 어머니는 정화에게 "아버지가 위암 초기"라고 말씀해 주셨지만, 나중에 알고 보니 위암 4기였다. 사회운동에만 집중했던 아버지가 마련해 놓은 재산은 거의 없었고, 이후 어머니가 집안 살림을 모두 챙겨야 했다. 어머니는 생선 가게, 횟집 등 해 보지 않은 가게 일이 없을 정도로, 남매를 굶기지 않으려고 무던히도 애를 쓰셨다.

정화는 "갖고 싶었던 모든 걸 사진 못했지만, 그렇다고 가난해서 불행하다고 느껴 본 적은 없었어요"라고 말했다. 그만큼 어머니가 많은 걸 감당하셨다는 걸 그 또한 잘 알고 있었다. 하지만 그도 맏딸로서 적잖은 부담을 느끼며 살아왔다.

아버지가 아프지 않았던 시절에도 그는 가게 때문에 바쁜 어머니를 대신해 남동생을 돌보고 집안을 지켜야 했다. 때론 그 책임감이 너무 커서 어린 남동생을 매몰차게 때려 몸에 커다란 멍을 새기기도 했다.

정화는 당시 남동생과 있었던 이야기를 하면서 눈물을 훔쳤다. 자신이 누군가에게 폭력을 행사한 것은 그때가 처음이었고, 지금도 꺼내기 힘든 기억이라면서. 그는 최근에 남동생에게 그 일을 사과했다. 그러나 아직도 그 죄책감이 깨끗이 지워지지 않은 듯했다.

정화의 삶은 온통 압박감과 책임감으로 이루어져 있었다. 아버지가 한번 아프셨기 때문에 아버지의 심기를 건드리면 안 된다고 생각했다. 불만이 있어도 그냥 조용히 아버지 말에 순종하는 것이 가정의 평화를 지키는 일이라고 믿었다. 그래서 아버지 앞에서는 속마음을 제대로 드러내지 못했다.

아버지가 회복되고 나서도 그 압박감에서 전혀 벗어날 수 없었다. 그래서 대학 진학과 직업 선택 또한 '자율적으로' 할 수 없었다. 굵직한 자리에서 사회운동을 도맡아 했던 아버지는 결국 안정적인 직장이 최고라고 생각하셨다. 여자도 기술을 배워야 한다는 아버지의 입김으로, 그는 가고 싶지도 않았던 공과 대학에 입학했다. 억지로 공학을 공부하면서 대학 시절 내내 아버지와 부딪쳤지만, 아이러니하게도 그 전공으로 대학원까지 졸업했다.

> 아빠가 저에 대해 실망하는 걸 보기 힘들어했던 것 같아요. 사실 아빠가 저를 때리거나 한 적은 없거든요. 그런데 아빠한테는 실수하면 안 되고, 인정을 받아야 된다는 생각이 컸어요. 그래서 제 주관대로 하고 싶은 걸 하면서 살려고 해도 잘 되지 않았던 것 같아요. 부모님이나 주변 사람들이 말하는 대로 휩쓸려 가기만 했죠.

정화는 결국 아버지의 인정을 향한 갈망과 자신의 노력을 통해 안정적인 직장에 취업할 수 있었다. 그러나 지금 다니는 직장에서의 생활도 적응하기 어려웠다. 공무원인 그는 '내가 지금 뭐 하고 있는 거지?'라는 생각을 떨쳐 버릴 수 없었다.

정화에게는 작은 꿈이 있다.

> 사무실에서 문서를 작성하다 보면 허공에서 막 허우적대는 것 같은 느낌이 들어요. 안정적인 직업이긴 하지만, 이건 그냥 아버지의 꿈이었던 거죠. 이젠 제가 뭔가를 주관해서 자

그마한 일이라도 하고 싶어요. 예를 들면, 지금 제 생활에서 한 가지 균열을 내고 있는 게⋯ 도시농부학교 초등 과정 강의를 듣고 있어요. 전문 과정과 일곱 가지 직종 가운데 유기 농업이나 원예 기능사를 취득하면 도시 농업 관리사를 할 수 있어요. 제가 개인적으로 추구하는 삶은 자급자족이 되는 삶이거든요. 지금은 별로 쓸모없어 보여도 앞으로는 도시 사람들도 분명히 자기만의 텃밭을 원할 거라고 생각해요.

정화의 눈빛이 처음으로 반짝이는 순간이었다. 도시농부학교 초등 과정 첫 강의는 오프라인으로 진행돼서 그는 회사에 오전 휴가를 신청했다. 처음에는 휴가를 내는 것도 눈치가 보여 망설였지만, 한번쯤은 꼭 내가 하고 싶은 대로 해 보고 싶다는 강한 열망이 들었다.

첫 강의를 듣고, 그는 실로 오랜만에 마음이 설레기 시작했다. 그는 내년부터 전문 과정을 들을 예정이라고 했다. 개개인이 텃밭을 원하고 가꾸는 세상이 오면, 그에 대해 컨설팅하는 일을 하고 싶다고. 혹은 직접 텃밭을 가꿔 원하는 이들에게 기부하고 싶다고.

그러나 그는 늘 하고 싶었던 이 일이 정말 쓸모가 있는지는 아직 확신할 수 없다고 했다. 자신이 하고 싶은 일이라는 확신이 있으면서도, 여전히 '쓸모'에 대해서 걱정하는 정화는 아직도 누군가 다른 사람을 의식하고 있는 듯했다.

  정화는 앞으로 자신의 삶의 과제는 '인정 욕구를 버리는 것'이라고 하면서, 마흔이 넘은 지금도 여전히 아버지가 두렵다고 했다. 시간이 많이 지나 버린 지금, 아버지는 늙고 힘없는 노인이 되었다. 그런데도 습관처럼 아버지 앞에만 서면 움츠러든다.

  유년 시절부터 결혼하기까지 늘 아버지의 인정을 받아야만 숨통이 트이는 것 같았다. 하지만 결혼으로 아버지의 그늘을 벗어난 지금 그는 자유로워지기는커녕 오히려 더 괴로워졌다. 이제 그는 아버지에게 인정받는 딸의 역할과 사회에서 요구하는 직장인의 역할뿐만 아니라 아내, 엄마, 며느리의 역할까지 해야 한다. 딸의 역할을 감당해 내는 것만으로도 벅찬 세월이었는데, 어쩌다 보니 더 많은 역할을 짊어지게 된 것이다.

> 지금은 맥락이 조금 달라지긴 했지만, 여전히 그런 편이에요. 시댁이나 남편이 나를 인정해 주지 않으면 난 어떻게 될까, 그런 걱정이 커요. 내가 만약 경제적 능력이 떨어진다면 시댁에서 날 받아 줄까? 아이들도 아직 어려서 그런 생각을

못할 수도 있지만, 내가 돈을 못 벌어 오면 "엄마는 왜 돈을 많이 못 벌어?" 하고 물을 것 같아요. 엄마에 대한 믿음이 떨어지지 않을까요? 이런 생각으로부터 자유로워지고 싶은데, 그게 참 쉽지가 않아요.

그러잖아도 감당해야 하는 역할이 그렇게 많은데, 거기서 모두 인정을 받고자 하는 갈증이 정화의 숨통을 더욱 옥죄고 있었다. 그저 주어진 삶을 충실히 견뎌 내고 있었을 뿐인데도, 역할과 책임감, 그리고 그것이 스스로 만족할 만큼 채워지지 않았을 때 생기는 두려움이 그를 외로움이란 웅덩이에 빠뜨린 것이다.

그 역할과 외로움이 너무나도 버거워서 친정어머니에게 이야기한 적이 있었다. 그러나 어머니의 반응은 무심했다. "다 그렇게 살아. 너만 그런 거 아니야. 정신력으로 버텨야지. 나도 그랬어…." 정화는 어머니의 말을 전적으로 이해할 수 있었다. 어머니가 자신보다 더 힘들고 어려운 삶을 살았기 때문이다. 그러나 그런 사실이 오히려 그를 가족들 사이에서 더욱 고립시켰다.

엄마는 처음부터 끝까지 '정신력'이에요. 그런데 전 그 정도의 정신력이 없어요. 엄마가 물론 저보다 더 훌륭하고 많이 힘들었던 것도 알지만, 저는 이제 그 말이 너무 숨 막혀요. 저번엔 정신력으로 안 되는 것도 많다고, 너무 힘들다고 솔직하게 말했어요. 그런데 친정 부모님은 상황이 어쩔 수 없지 않냐며 무조건 받아들이라고 하세요. 전 그것도 불공평한 것 같아요. 늘 저한테만 그러시니까요. 남편한텐 그런 얘긴 한 번도 안 하거든요.

정화의 남편은 평일엔 회사에 출근하고 주말엔 대학원에 다닌다. 경상도 출신으로 7남매 중 막내인 남편은 집안일을 도와주는 것도, 아이들 돌보는 일도 익숙하지 않다. 다른 걸 다 떠나서, 표현을 잘 하지 않는 사람이다. 정화는 남편 또한 굉장히 외로운 사람이라고 덧붙였다.

제가 만난 남자들은 대부분 다 제가 돌봐야 하는 사람이더라고요. 참 이 '틀'을 깰 수가 없었어요. 그것도 의문이에요. 난 왜 항상 그런 사람들만 만났을까요? 제가 마냥 착한 사람이어서 그런 것 같진 않은데 말이죠.

정화는 답을 알고 있었다. 관계와 역할에만 매몰되어 살아

온 터라 자신을 필요로 하는 사람들에게 매력을 느꼈다는 걸. 그들에게 필요한 존재가 되어 마땅한 역할을 해 주기 위해 제 발로 그들을 찾아갔다는 걸. 그리고 그들에게 인정을 받으면 그것이 자신의 삶에 보상이 되었다. 그만의 생존 방식이었던 셈이다. 하지만 정화는 이제 깨달았다. 그것이 왜곡된 감정이라는 걸. "좀 더 일찍 깨달았으면 좋았을 텐데…." 그는 말끝을 흐렸다.

사실 남편과 결혼하면 더 외로워질 것 또한 어렴풋이 알고 있었는지도 모르겠다. 그는 결혼할 때 자신이 정확한 기준을 가지고 있지 못했다고 짚어 말했다. 그저 착하고 화를 내지 않는 사람이라면 무조건 좋은 사람으로 생각했다. 남편은 성실한 사람이었지만 상대방에 대한 배려나 돌봄이 부족했다. 오로지 본인의 삶에만 관심이 있었다. 정화나 아이들이 아파도 크게 신경 쓰지 않는 것처럼 보였다. 그런데 자신이 아파도 티 하나 내지 않는 사람이었기에, 그 점이 오히려 정화에겐 성숙한 사람처럼 느껴졌다.

사실 남편과의 관계도 별로 좋지 않아요. 남편의 행동을 이해하고 참아 주는 데 한계를 느끼고 있어요.

정화는 어렵사리 말문을 열었다. 남편은 술자리가 잦았는데, 늘 여자가 있는 곳에서 술을 마신다고 했다. 그는 둘째를 임신하고 한참 뒤에야 그 사실을 알게 되었다. 몇 차례의 말다툼 끝에, 남편은 술을 마신 뒤 다른 여자와 관계했던 일까지도 순순히 인정했다. 자신은 그렇게 하고 싶지 않은데, 술에 취하면 꼭 그런 일이 벌어지고 만다는 것이었다.

불행히도 이 일은 한 번으로 끝나지 않았다. 지칠 대로 지친 정화는 심각하게 이혼을 고민했지만, 아이들 때문에 정작 행동으로 옮길 순 없었다.

남편을 데리고 알코올중독센터를 방문하기도 했다. 센터에서도 술을 아예 끊지 않으면 습관은 사라지지 않을 거라고 경고했다. 정화는 남편에게 술을 끊을 것을 요구했지만 남편은 막무가내로, 사회생활을 위해선 술을 끊을 수 없다고 주장했다. 그는 사회생활 때문이라면 회사를 그만둬서라도 술을 끊어야 한다고 설득했으나, 남편은 술을 끊을 생각이 전혀 없었다.

의지가 약한 거죠. 저도 더는 어떻게 해야 할지 모르겠어요. 너무 지쳐요. 이런 일까지는 친정 부모님도 몰라요. 그냥 남편이 일류 대학 나오고, 저와 같은 안정적인 직업을 가지고 있으니까 다들 결혼 잘했다고, 잘 산다고 좋게만 보죠.

남편의 무심한 성격은 이미 알고 있었지만, 이런 문제까지 생길 거라고는 상상도 하지 못했다. 늦은 나이에 결혼하고 연달아 수술을 통해 아이 둘을 낳은 정화의 몸은 예전처럼 건강하지 못했다. 그런데 또 아이가 생기고 말았다. 그는 찾아온 생명을 쉽게 저버릴 수 없어 정말 오랫동안 고민했다. 하지만 현실적인 문제들을 외면할 수는 없었다. 무엇보다 이미 망가져 버린 몸으로 다시 출산을 감당하기는 어렵다는 생각이 들었다.

친정 부모님도 셋째 임신 소식을 듣고 기뻐하기보다는 그의 건강을 걱정하며 안쓰러워하셨다. 그러나 남편은 셋째를 낳기를 원했다. 셋째를 낳아 주면 자신이 육아휴직을 하고 적극적으로 집안일을 하겠다고, 술 마시는 습관도 고치겠다고 정화를 설득하기도 했다.

그러나 그는 남편의 말을 믿을 수 없었다. 사실 남편이 셋째를 바라는 이유도 딱히 없었다. 그의 말에 의하면, 남편은 그저 평소 아이가 많은 집을 부러워했다는 것이다. 아마도 '종족 번식'과 같은 이유일 거라고 그는 설명했다.

이 상황을 그대로 지켜보고만 있을 수 없었던 정화는 현실적인 문제들을 들어 남편을 설득했다. 금전적인 여유가 있는 편도 아니거니와 아이가 갓 성인이 되었을 때 둘은 이미 예순이 넘을 것이었다. 무엇보다 이런 상황 속에서 태어난 아이를 과연 끝까지 책임질 수 있을지 자신이 없었다. 그러나 남편은 이번에도 막무가내로 그의 의견을 귀담아들어 주지 않았다. 그의 의견은 철저하게 외면당했다.

정화는 남편의 회사 메일과 문자로 장문의 편지를 써서 보내기도 했다. 아무런 해결 방안도 보이지 않는 갑갑한 상황에서 아이를 더 낳을 수는 없다고 하소연했지만, 남편은 꿈쩍도 하지 않았다.

그러던 어느 날 정화는 너무나도 괴로운 나머지 남편과 아이들이 보는 앞에서 울분을 터뜨렸다. 바닥을 두드려 가며 너무 힘들어서 죽을 것 같다고 고래고래 소리를 질렀다. 그러고는 그길로 남편과 함께 병원에 가서 중절 수술을 했다. 함께 병원으로 가면서 남편은 아무런 얘기도 하지 않았지만, 굉장히 마음에 들지 않는 표정이었다.

> 더 늦었으면 수술도 하기 힘들었을 거예요. 물론 남편도 힘들었겠지만 뒤늦게 아이 심장 소리를 들은 전… 정말 마음이 너무나 힘들었거든요. 그런데 수술하고 나서 회복실에 누워

9장 물살에 떠내려가는 스티로폼

있는데 남편이 와서 하는 말이, 수고했다며 셋째는 나중에 또 갖자고 그러더라고요. 그 말이 너무나 충격적이었어요. 그래서 지운 셋째 아이에게 미안해서라도 절대로 다시 아이를 가질 생각이 없다고 얘기했어요.

정화는 또다시 이런 일이 생길 것을 염려해 루프 시술을 했다. 먼저 남편에게 정관 수술을 부탁했지만, 이 또한 받아들여지지 않았다. 그는 이제 자신이 남편을 어느 부분까지 포용하고 이해해 줘야 하는지 알 수 없었다. 지금까지 일어난 이 모든 상황이 그저 난감하기만 했다.

처음 이 인터뷰를 위해 서울로 올라오면서 가족들과 함께 오려고 했어요. 그런데 내일이 시아버님 생신이거든요. 시댁으로 내려가야 하는데, 이 감정으로는 도저히 아버님 어머님을 뵙기가 힘들 것 같아서, 남편한테 혼자 애들 데리고 갔다 오라고 했어요. 지금 남편도 자기 입장이 있으니까 엄청 난처할 거예요. 모르겠어요, 앞으로 어떻게 해야 할지….

정화는 서울로 혼자 올라온 것이 도시농부학교 이후로 처음 시도해 보는 '일상의 균열'이라고 표현했다. 일상의 균열,

그동안 부당하다고 느껴지는 삶 속에서도 어떤 균열을 만든다는 건 그로선 상상조차 하지 못한 일이었다. 그러나 언젠가부터 그는 스스로 균열을 만들어 내고 있었다. 반항, 방황이라고 하기에도 미약한 이 소소한 균열은 그의 삶에서 어떤 힘의 중심부가 되어 가고 있었다.

 모범생으로 살아온 정화에게 '타인의 인정'이란 몸에 밴 습관 같은 것이었을 수 있다. 더구나 아버지의 병환과 어머니의 고생을 직접 보고 자란 장녀의 위치에서, 그는 자기 자신을 우선으로 생각하는 건 '이기적'이라는 자책을 충분히 했을 것이다. 그렇기에 매 순간, 대학 전공을 선택하고 직장을 구하고 결혼하는 그 모든 과정에서 주변 사람들의 바람과 기대에 부응하면서 인정을 받고자 했다. 그리고 그 결과 부모의 요구, 아이들의 칭얼거림, 남편의 자기 중심적인 삶 속에서 그는 점점 자기만의 공간을 잃어 갔다. 주변에 계속 치이는 이런 삶보다 더 외로운 삶은 없을 터였다.
 나는 정화의 삶 이야기를 들으면서, 한편으로는 같은 여성으로서 (큰딸이자 아이 엄마로서) 그의 고충을 충분히 공감하면서도, 다른 한편으로는 안타까움과 답답함과 화가 동시에 치밀어 오르는 것을 억누르기가 어려웠다. 이 딜레마에서 벗어나는 길은 결국 정화의 결단밖에 없다는 생각을 하지 않을 수 없었다.

아무리 사랑하는 가족으로 묶여 있다고 하더라도, 삶은 모두에게 한 번만 주어지고, 따라서 각자의 삶일 수밖에 없다. 자기의 삶을 어떻게 살 것인가는 자기 스스로 직접 결정해야 한다. 누가 먼저 알아서 나서 주기를, 나의 상황을 이해하고 먼저 배려하고 행동해 주기를 기대해서는 절대로 자신의 삶을 살 수 없다.

물론 사람에 따라서는 상대방의 상황을 깊이 있게 이해하고 먼저 배려하기도 한다. 그러나 아무리 그런 모습이 이상적이고 바람직하다고 하더라도, 모두가 그럴 것이라고 기대하는 것은 어리석다. 이상은 이상일 뿐이다. 어차피 삶이 이상적이지 않다면, 그 속에서 살아가는 방법은 자기 스스로 익혀야 한다. 상황이 어려울수록, 이런저런 조건의 변화와 나 자신의 결단을 통해 주체적인 삶을 살아가는 수밖에 없다.

정화는 '좋은 딸'이자 '좋은 엄마', '좋은 아내'가 되어야 한다는 삼중고에 휘말려 있었다. 그중 하나만도 벅찬 일일 수 있는데, 세 가지 굴레 속에서 단어 그대로 숨이 막혀 가고 있었다. 아이들은 아직 어려서 그렇다 치고, 친정어머니는 정화를 도와주러 시간을 내 오시지만, 정화가 그토록 가족을 위해 직장과 집을 오가며 정신없이 내달리는 동안, 남편은 오로지 자신만을 위해서 살고 있었다.

남편은 어떻게 그럴 수 있었을까? 그건 그가 소위 '경상도 막내아들'로서 남들이 희생하는 삶이 몸에 배었기 때문일 것이다. 또한 한국 사회에서 남자는 그래도 된다, 그래도 어쩔 수 없다는 생각이 받쳐 주고 있었기 때문일 것이다. 남편은 그런 익숙함 속에서 자신의 모습이 이기적이라는 생각조차 해 보지 않았을 것이다.

나는 정화가 일주일에 단 하루라도 온전히 혼자 보낼 수 있는 시간이 있다면, 그가 겪고 있는 외로움이 조금은 해소되지 않을까 생각했다. 사실 남편이 일주일에 단 하루만이라도 아이들을 돌보며, 정화가 혼자 있을 수 있는 시간, 꿈을 기획할 수 있는 시간, 마음 편히 친구를 만나서 쉴 수 있는 시간을 가질 수 있도록 도와주었다면, 문제가 이토록 심각해지지는 않았을 것이다. 정화가 이대로 계속 정신없이 살도록 놔둔다면, 외로움이 문제가 아니라 우울과 분노에 휩싸이게 될 것이 분명했다.

그러나 문제는 정화에게도 있었다. 그는 아버지로부터 인정받기를 원했다. 어머니의 고단한 삶에 대해서 그 누구보다도 안쓰러운 마음을 가지고 있었다. 남편은 문제가 있긴 해도 자신의 이해가 필요한 '착한' 사람이라고 생각했다. 그렇게 자신의 괴로움과 고통은 아무것도 아니며, 감당해야만 하는 것이라고 스스로 세뇌했다. 힘들어서 쓰러질 지경이 되어도, 이것은 '나의 책임'이라고 생각했다.

어딘가 이상하지 않은가? 40대에 아이를 둘이나 키우는 어른이 되어서, 어째서 지금도 아버지의 인정에 미련을 갖는 것일까? 또 어머니가 고단한 삶을 살았다면, 딸도 그렇게 살아야 하는 걸까? 게다가 우리가 종종 잊어버리는 사실이 있다. '착한' 사람들이야말로 남을 힘들게 한다는 것이다. 겉보기에 '악한' 이들은 주변 사람들이 알아서 피하고 거리를 두기 때문에, 문제가 될 일이 적다. 그러나 '착한' 사람들은 그들이 설령 잘못된 행동을 하더라도 우리가 이해해 주리라 기대한다. 그렇게 '착한' 사람들은 우리를 힘들게 한다. 심지어 우리의 삶을 옥죄고, 병들게 만든다.

나는 정화가 자신의 삶을 하나하나 따져 가며 검토해 보길 바란다. 나는 어떤 삶을 살고 싶은가? 내가 바라거나 기대했던 가족의 모습이 아니라면, 나는 이것을 어떻게 내가 원하는 방향으로 바꾸어 나갈 것인가? 남편이, 어머니가, 아버지가 만일 협조적이지 않다면, 나는 어떻게 최대한 기분 상하지 않는 방식으로 그들을 설득해 나갈 것인가? 지금까지 내가 선택해 온 방식 외에 직장과 집안일, 아이 양육을 좀 더 수월하게 할 수 있는 대안은 무엇이 있을까?

아이들의 또렷한 눈망울이 엄마를 보고 있다. 엄마가 잘 살아야만 한다.

| 10장 |

▲

시린 공기

아무도 날 이해해 주지 않아

"또 사고 치네, 도대체 왜 그래?" 동생의 말이었지만,
마치 세상이 자신에게 하는 이야기같이 느껴졌다.
'나는 왜 보편적인 생각을 하지 못할까? 나는 어떤 사람들과 어울려
살아갈 수 있을까?' 그의 외로움은 깊어만 갔다.

▲

 심리학자들에 따르면, 사람의 성격 유형은 수십 가지라고 한다. 사실 전 세계에 78억 명의 사람이 있는 것을 생각하면 수십 가지의 성격 유형도 많다고 볼 수는 없다. 그런데 우리는 이처럼 다양한 성격을 다 인정하고 수용하면서 살아가고 있는 것일까? 꼭 그렇다고 할 수는 없다.

 지역과 문화에 따라, 어떤 사회에서는 얌전하고 인내심 강한 성격이 우대받고, 또 어떤 사회에서는 자기 의견을 명료하게 표현하는 적극적인 성격이 더 이상적으로 받아들여진다. 순응적인 사람들을 이상적으로 보는 사회에서, 적극적으로 자기 의견을 주장하는 사람은 사회적 비난에 노출되기 쉽다. 반대로 개인의 의견을 분명히 표현하는 것이 중요한 사회에서는 다른 사람의 의견에 무작정 따라가는 사람이 이상하게 보일 수 있다.

우리 사회는 어떨까? 점차 개인주의적인 경향이 강해지고 있다고 하지만, 한국 사회는 전통적으로 '무던한' 사람들을 선호해 왔다. 무던하다는 것은 주변 사람과 갈등을 일으키지 않고, 설령 자기 의견이 있다고 하더라도 주변을 고려해서 참고 드러내지 않는 성격을 뜻한다. 그래서일까, 한국 사람들은 자기 주장 강한 사람에 대해 괜히 얼굴을 찌푸리곤 한다. 합리적인 이유를 들어서 주장하더라도, 남들과 달리 튄다고 여겨지면 금세 '이기적'이라는 낙인이 붙여진다. "웬만하면 네가 참지 그래"라든지, "그냥 그러려니 해"라는 말을 우리가 종종 듣는 까닭도, 우리 사회가 전체적인 분위기에 편승해서 대충 따라가는 사람을 선호하기 때문이다.

녹음이 짙게 우거진 어느 청명한 날, 유진(가명)이 인터뷰 장소에 도착했다는 연락을 받고 마중을 나갔다. 중단발의 머리, 초록색 줄무늬 티셔츠에 청바지 차림. 주변에서 쉽게 만날 법한, 그야말로 모난 데 없이 평범한 모습이었다. 그렇지만 그의 얼굴에는 의미를 알 수 없는 묘한 긴장이 서려 있었다. 어떤 아득한 사연일까? 이야기를 나누다 보면 저 긴장의 의미를 알게 될까? 천천히 인터뷰가 진행될 방으로 같이 걸어 들어갔다.

> 저는 조용히 살기를 원하는 사람이에요. 나이를 먹을수록 그냥 별 탈 없이 살았으면 좋겠다는 생각이 커요. 무던한 삶… 어렸을 때부터 이런저런 고민이 많았어요. 고등학교에 들어가서는 그런 마음이 걷잡을 수 없이 커져서 아예 학교를 그만뒀죠. 그래도 남들 사는 것처럼은 살아야 하니까, 대학교에 진학하고 시간이 좀 더 지난 후엔 대학원에도 가고… 결국은 시험을 봐서 공무원까지 했죠. 지금은 휴직했지만요.

짤막하게 들은 유진의 인생사였지만, 그가 내뱉은 단어들은 서로 강렬하게 뒤엉킨 채 그의 삶을 대변하고 있었다. 고등학교 자퇴는 흔한 일이 아니다. 나이에 따라 해야 하는 일이 정해져 있는 한국 사회에서는 더더욱 그렇다.

어릴 땐 초·중·고등학교에서 생활하고, 입시를 거쳐 대학에 입학하고, 졸업 후 취업하고, 서른 전후로 결혼하는 그런 삶. 물론 모두가 그런 삶을 살아가는 것은 아니다. 다만 한국 사회에서는 그런 삶을 보편적이라고 여기는 것은 부정할 수 없다. 열일곱 살은 당연히 고등학생이어야 한다. 나이 사십에도 결혼하지 않고 혼자 사는 이는 주변 사람들의 입방아에 오른다. 정해진 길을 걷지 않는 사람은 굳이 들을 필요가 없는 소음까지 견뎌 내야 한다.

이미 밝혔듯이, 유진은 고등학교를 자퇴했다. 그리고 다들 부러워하는 직업인 공무원이 되는 시험에 합격했다. 그러나 또 휴직했다. 이 과정이 '평범'해 보이지는 않지만, 유진은 자신을 '무던하게' '조용히 살기를 원하는 사람'이라고 설명했다.

> 초등학교 1학년 때였던 거 같아요. 하굣길이면 옆집에 사는 남자아이가 저를 좀 괴롭혔어요. 무서웠지만 부모님께 얘기할 수 없었어요. 부모님은 항상 "네가 참으면 되지", "네가 잘하면 될 일이야"라고 말씀하셨거든요. 그때부터 일찍 깨달았던 것 같아요. 부모님은 나를 보호해 줄 것 같지 않다는 생각.

부모님은 유진이 어렸을 때부터 그를 이해해 주지 않았다. 괴롭힘을 당하거나 어려운 문제를 겪어도 그의 탓으로 돌렸다. 동네 친구가 괴롭힌다고 하소연해도 "왜 그렇게 유난을 떠냐"며 그를 다그쳤다. '조용히' 살고 싶다는 그의 강박은 그렇게 부모로부터 시작됐다. 그의 부모님은 아마도 한국 사회의 암묵적인 규범과도 같은 '눈에 띄지 않는 평범한 삶'을 추구하셨는지도 모른다. 그러나 괴롭힘을 당한 유진에게 그런 부모님의 삶의 태도는 이해하기 어려운 것이었다.

유진은 아주 어렸을 때부터 부모님을 신뢰할 수 없었다. 남들과 비슷하게 사는 것을 미덕으로 여기는 부모님은 그에게 가족의 지지가 필요한 때에도 왜 그렇게 행동하냐는 식의 핀잔만 늘어놓았다. 그는 그때부터 '나는 왜 평범한 사람이 될 수 없을까?' 고민했다. 부모님의 기대에 부응하려 했지만, 그런 삶이 그가 진정으로 원하는 모습이 아니었다.

가정에서의 불편함은 학교 생활에도 이어졌다. 유진은 조숙한 학생이었고, 남들보다 생각이 많았다. 그런 모습은 가볍게 장난치며 놀기 좋아하는 또래 친구들에게 부담이 되었다. 유진이 아픈 마음을 드러내면, 친구들은 왜 그렇게 우울한 생각을 하냐며 이해할 수 없다는 듯 이상한 표정을 지었다. 사실 또래 친구들의 해맑음 앞에서 유진은 자신의 아픔을 제대로 털어놓을 수 없었다. 뭔가 조금은 다른 사람, 특이한 존재… 그는 그때부터 스스로를 그렇게 정의했다.

유진은 열심히 공부하는 학생이었다. 중학교 때까지만 해도 좋은 성적을 낼 수 있었지만, 고등학교에 진학해서는 중학교 때만큼 성적을 유지할 수 없었다. 학업 스트레스는 많은 학생이 겪는 문제다. 그러나 보통은 그러려니 하며 참고 견딘다. 그런데 유진은 '그냥 그러려니' 할 수가 없었다. 성적이 떨어지자 학교에 가야 하는 의미를 잃었다. 왜 이렇게 대학입시에 몰두해야 하는지도 이해할 수 없었다. 그래서 그는 학교에 나가지 않았다.

한국의 부모들이 대부분 그렇듯, 유진의 부모님도 학교를 그만둬 버리겠다는 딸의 선택을 이해하지 못했다. 계속 다그쳤지만, 그는 버텼다. 어렸을 적부터 깊어져 온 부모님과의 갈등은 고등학교 자퇴를 기점으로 더욱 커졌다.

> 어렸을 때부터 누적된 어려움이 있었죠. 관계에 대한 회의감도 크게 느끼고. 다 커서 돌아보면 조금 이해가 안 되기도 하지만, 내신 성적이 나오지 않는 것 자체가 막 진짜 하늘이 무너지는 기분이었어요. 중학교 때보다 크게 성적이 떨어지니까, 학교에 가야 하는 의미를 잃었던 것 같아요. 학교를 그만두겠다고 말씀드리니 집안이 정말 난리가 났어요. 결과적으로 자퇴는 했지만, 부모님이 허락하신 건 아니에요. 제가 학

교도 안 나가고 진짜 오만 짓을 다 할 것 같으니 어쩔 수 없이 그냥 두신 거죠. 그만두고 나서도 계속 저를 타박하셨어요. 그때부터는 집안에선 거의 숨 죽이고 살았던 것 같아요. 눈치만 보면서….

유진은 삶의 의미를 잃었다고 했다. 인간에게 '의미'는 중요하다. 어떤 의미를 부여했는지에 따라 행동도 생각도 바뀐다. 그러나 우리는 모든 순간에 의미를 부여하며 살지는 않는다. 하루의 상당 시간은 기계적으로 생활하기도 한다. 특히 우리 사회에선 더욱 그렇다. 무한정 경쟁해야 하는 시스템 속에서 허덕이다 보면, 가끔 의미가 거추장스럽다.

그러나 유진은 달랐다. 그에겐 모든 행동 하나하나에 의미가 필요했다. 성적이 떨어졌다는 신호는 학교에 갈 의미를 상실하게 만드는 요인이었다. 의미가 없다면 굳이 갈 이유가 없었다.

자퇴 후 그는 집에서 투명인간처럼 지냈다. 가족 중 누구와도 대화를 나눌 수 없었다. 하나뿐인 동생이 있었지만, 그를 조금도 이해해 주지 않았다. 동생은 그와는 달리 부모님의 말씀을 곧이곧대로 따르는 딸이었다. 말 잘 듣는 착한 자식, 열심히 공부하고 말썽 피우지 않는 바람직한 학생. 동생은 한국 사회에서 누구나 인정하고 좋아할 만한, 그런 아이였다. 그래서 그는 동생에게도 별다른 이야기를 털어놓을 수 없었다.

유진이 부모님의 말씀을 어길 때면, 동생은 "또 사고 치네", "도대체 왜 그래?"라며 부모님 옆에서 그를 더 나무랐다. 동생의 말이었지만, 마치 세상이 자신에게 하는 이야기같이 느껴졌다. 동생은 가족이기 전에 동시대를 살아가는 또래였다. 그렇기에 동생의 말은 더욱 아팠다. '나는 어떤 사람들과 어울리며 살아갈 수 있을까?' 유진의 고민은 깊어만 갔다.

자퇴는 했지만, '남들 사는 것처럼'은 살아야 한다는 생각에 검정고시를 쳤다. 대학에 진학하기 위해서였다. 대학에 가서도 그는 고민이 많았다. 어렸을 때부터 누적된 아픔은 마음 한 구석에 계속 남아 있었다. 그리고 그의 삶 곳곳에서 혼란을 일으켰다.

새로운 사람을 만날 때도 어려움을 겪었다. 대학생 때 그는 사람들을 만나기 위해 다양한 모임을 찾아다녔다. 사람들이 모이는 곳에는 언제나 입이 가벼운 사람이 있었다. 다른 사람의 이야기를 쉽게 옮기고, 소문을 오락거리로 소비하는 사람들. 유진은 그런 모습을 보면 참지 않고 문제를 제기했다. 하지만 그의 생각을 받아들여 주는 사람은 없었다. 어느새 그는 혼자 잘난 척하고 입바른 소리 하는 사람이 되어 있었다. 결국 특이한 사람 취급을 받았고, 그렇게 모임에도 나가지 않게 되었다. 인간관계에 대한 회의감만 더해졌다.

유진은 급기야 심리적인 어려움을 해소하고자 상담 기관을 찾아갔다. 처음 간 곳은 대학 안에 있는 학생생활 상담 연구소였다. 당시 유진의 상황은 위급했다. 유별난 사람으로서 살아가야 하는 현실이 너무 버겁게 느껴졌다.

그러나 학생생활 상담 연구소는 대기 인원이 너무 많았다. 위급한 상황에 비해 빠른 대처를 할 수 없었다. 더욱이 학생 복지 차원에서 설립된 기관이다 보니, 무료였지만 상담 횟수에 제한이 있었다. 긴 기다림 끝에 연구소 선생님을 만날 수 있었지만, 유진은 적절한 심리 상담을 받지 못했다. 선생님은 그의 심리적 어려움을 섬세하게 이해하지 못했고, 의도하지는 않았겠지만, 도리어 그의 특이함을 탓하며 상처를 주었다.

이후에는 학교 바깥의 전문 상담 기관을 찾았다. 마찬가지로 전문 기관에서도 몇 번의 시행착오를 거친 끝에, 유진은 자신에게 잘 맞는 상담 선생님을 만나 도움을 받을 수 있었다. 가뜩이나 정신적으로 지쳐 있던 그에게 시행착오는 큰 부담이었다. 당장 도움을 받아도 다급한 상황이었음에도 그는 너무 먼 길을 돌아가야만 했다.

초반에 찾아간 몇 곳은 도움이 되지 않았어요. 계속해서 찾다 보니 그나마 잘 맞는 상담사를 만나 그제야 도움을 받을 수 있었죠. 그 전에는 오히려 상처를 받았어요. 사실 어딜 가더라도 균일한 서비스를 받을 수 있는 건 아니니까요. 그땐 너무 지쳐서 당장 도움을 받고 싶었지만, 그럴 수 없었죠.

유진은 어려운 상황에서도 꿈을 꾸었다. 대화를 나누며 내면의 어려움을 해소할 수 있는 상담이 매력적으로 다가왔다. 오랜 고민 끝에 그는 상담학 전공으로 대학원에 진학했다. 그러나 현실의 벽이 있었다. 이번에도 부모님은 그의 선택을 지지해 주지 않았다. 심리상담사라는 직업이 안정적이지 않다는 이유였다. 부모님이 지원해 주지 않아 그는 홀로 학비를 충당해야 했다. 학비에 생활비까지 부담이 되어 더는 학업을 이어갈 수 없었다. 그는 결국 상담사의 꿈마저 포기하고 말았다.

이후 유진은 공무원 시험에 합격했다. 공무원은 부모님의 기대를 충족시킬 수 있는 직업이었다. 그도 현실적인 문제에

봉착해 있었기 때문에, 안정적인 직장을 얻은 데 나름 만족했다. 그러나 직장에서도 문제가 발생했다.

공무원은 인사 교류를 통해 다른 기관으로 이동할 수 있다. 면접을 보고 합격 여부를 결정하는, 일반 직장에서의 이직과 별다를 것 없는 과정이다. 유진은 기존에 할당된 업무에 잘 맞지 않았다. 그래서 다른 기관의 면접을 보았고, 곧 합격 통보를 받았다. 그러나 기존에 근무하던 기관에서 그의 이동을 허가하지 않았다. 정확히는, 검토조차 하지 않았다. 그의 면접을 주관한 담당자의 연락을 받고도 대응하지 않고 그저 시간만 흘려보냈다. 끝내 기간이 만료되어 그는 이동할 수 없게 되었다. 심지어 면접 본 기관 담당자에게 전화를 걸어 보고서야 이런 내막을 확인할 수 있었다.

> 정말 못 보내 주겠으면, 그냥 좀 정중하게 이유를 대면서 기관에도 사정이 있으니 당장은 어렵다고 얘기할 수 있잖아요. 그런 얘기도 전혀 없고, 일방적으로 저를 보내 주지 않았어요. 제가 따지니까 오히려 "그게 너의 권린 줄 아냐"면서 막 뭐라고 하더라고요. 그러고는 다른 사람은 별 문제 없이 그냥 보내 주고. 이런 것도 너무 공평하지 않다고 생각했어요.

유진은 정당한 권리를 주장했다. 그러나 기관에서는 유진을 이상한 사람 취급하며, 다른 사람들은 가만히 있는데 너는 왜 그러냐는 식으로 핀잔을 주었다. 사실 기관의 횡포를 제재할 수 있는 수단은 없었다. 인사이동은 기관의 재량이기 때문이다. 그럼에도 일관된 원칙은 있어야 했다. 이에 대해 문제를 제기한 유진의 행동은 정당한 것이었다. 그를 특이한 사람 취급할 필요는 더더욱 없었다. 그러나 그의 권리는 철저하게 외면당했다.

이후에도 유진은 몇 년 더 근무했다. 현실적인 대안이 없었기 때문이다. 참고 다녀야지, 속으로 아무리 그렇게 생각해 보아도 기관의 불공정한 대처가 잊히지 않았다. 억지로 꾸역꾸역 다니긴 했지만 이미 마음은 떠난 상태였다.

그는 결국 퇴사를 결정했다. 사실 퇴사 결심을 부모님께는 숨길까 고민도 했다. 그러나 나중에라도 부모님이 알게 된다면 더 큰 일이 날 것만 같았다. 그리고 부모님에 대한 마지막 남은 믿음이 있었다. '이제는 적은 나이도 아닌데, 내 선택을 지지해 주시겠지' 하는 작은 바람이랄까. 그렇지만, 그 바람마저 무참히 무너지고 말았다.

부모님은 퇴사 사실을 알리는 전화를 끊자마자 유진의 집까지 찾아와서는 회사에 전화를 걸어 못 그만두게 하겠다는 둥, 당황스러운 얘기만 늘어놓았다.

> 사실 부모님께 고민을 얘기했던 적이 있어요. 회사에서 나를 보내 주지 않는다고. 그때도 "못 보내 주겠다면 그냥 참고 있지, 도대체 왜 그러냐"고 말씀하셨어요. 퇴사하겠다고 말씀드렸더니 정말 난리가 났어요. 그런 반응을 짐작하지 못한 건 아니지만, 저는 그래도 믿어 주실 줄 알았거든요. 학교를 그만뒀을 때와 똑같은 상황이었죠. 심지어 그해 생일날에는 대뜸 찾아와서 축하한다는 얘기도 없이 화만 내고 가셨어요.

유진은 부모님의 성화에 못 이겨 퇴사 결정을 번복했다. 그러나 당장 출근하기에는 너무 힘이 들었다. 그는 결국 휴직을 선택할 수밖에 없었다.

유진은 자신의 외로움이 고독과는 전혀 다른 감정이라고 말했다. 보통 외로움을 상상하면 떠오르는 모습들이 있다. 주말인데 만날 친구가 없다거나, 연애를 못하고 있다거나, 하루 종일 누구에게도 연락이 오지 않는다거나…. 그러나 유진은 오히려 그럴 땐 외롭지 않았다.

세상이 흘러가는 규칙이 있잖아요. 조금은 부당하더라도 다들 견디고 사는 그런 거. 남들은 그냥 '짜증 난다' 하면서 수다를 떨거나 다른 취미를 즐기면서 털어 버리는데, 저는 태생적으로 그런 게 안 되는 사람 같아요. 마음속에서 수긍이 안 되면 견딜 수가 없어요. 자꾸 그런 생각에 빠져드는 것 같거든요. 그래서 어렸을 때부터 특이한 사람 취급을 받은 것 같아요. 그럴 때 제일 외로웠죠. 나는 왜 보편적인 생각을 하지 못할까… 하면서.

유진은 자신의 이야기를 들어 줄 존재가 필요했다. 친구가 있었지만, 취업을 전후로 서로의 사정이 너무 다르게만 느껴졌다. 각자의 어려움이 달라 섣불리 서로에게 이야기를 건넬 수 없는 상황이었다. 이후로 그는 다시 혼자 감당하는 것에 익숙해져야 했다.

그는 자신과 비슷한 어려움을 겪는 사람들이 올린 글을 보며 외로움을 달랬다. 온라인에서는 관계에 얽매일 필요가 없다. 회사 눈치를 볼 필요도 없고, 주변 사람들의 평가에 신경 쓰지 않아도 된다. 그래서 온라인 소통이 더 편하게 느껴진다고 했다. 오프라인에서는 다들 세상이 정한 규칙에 얽매여, 진심을 숨기고 살아가는 것 아닐까?

유진의 이야기를 들으면서 가슴이 답답해 왔다. 그의 삶은 어렸을 때부터 지금까지 계속 부모와 세상의 '무던하게 살라'는 외침과 자기 내면의 목소리인 '네 뜻대로 해' 사이에서 갈팡질팡해 온 인생인 것 같았다. 고등학교를 그만뒀지만, 다시 다른 사람처럼 살기 위해 대학을 가고, 상담사가 되고 싶었지만, 다시 남들이 바라는 공무원 시험을 보고, 그러다가 결국은 공무원 일을 그만두고… 이미 성인이 된 지 한참 지났지만, 여전히 세상과 자기 사이에서 심각하게 불화를 겪고 있었다. 그 불화가 그에게 아무에게도 이해받을 수 없다는 고립감과 외로움을 낳고 있었다.

유진이 고등학교를 그만둔 것이 절대 해서는 안 되는 일이었을까? 친구들 앞에서 '뒷담화는 하지 말자'라고 이야기하는 것이 그토록 이상한 일이었을까? 설령 수입이 반 토막이 난다고 하더라도, 공무원을 그만두고 상담사를 하겠다고 하는 게 정말 끔찍한 잘못일까? 나는 부모님과 사회의 시선이 유진의 삶을 지나치게 에둘러 돌아가게 만들고 있다는 느낌을 지울 수가 없었다.

저간의 사정을 모두 정확히 알 수는 없지만, 유진의 삶은 그가 선택할 일이고, 남과 다른 길이 있을 터였다. 그런데 그는 어렸을 적부터 들어 온 '이상하다'라는 비판과 낙인 속에서, 자기 뜻을 펼치는 것마저 주저하고 있었다.

우리는 늘 다양한 목소리를 들으며 살아간다. 그 목소리는 때로는 사회로부터, 때로는 부모로부터, 때로는 친구들로부터 들려온다. 그런데 그 목소리들을 모두 만족시키기는 어렵다. 오히려 우리는 주변으로부터 들려오는 그 목소리 중에서 불필요한 것들을 쳐 나가면서 살아야 한다. 그리고 무엇보다 내가 진정 귀담아들어야 할 목소리는 내 깊은 내면에서부터 나오는 목소리다. 그 목소리만이 나의 목소리고, 내가 살아가야 할 길을 책임질 수 있는 목소리이기 때문이다.

| 11장 |

투명함

어디에도 속하지 못하는 삶

그는 자신의 외로움을 '투명함'이라고 표현했다.
다른 것들이 전혀 섞이지 않는 또는 섞일 수 없는, 보통의 우울처럼
끈적이지도 탁하지도 않은 맑은 이미지. 누구도 침범할 수 없는,
이제는 굳이 섞이고 싶지도 않은 그런 마음.

현대를 살아가는 우리 대부분은 다양한 사회에 속해 살아간다. 작게는 가족이나 동호회부터 크게는 국가나 지구촌까지. 하지만 그 어디에도 쉽게 속하지 못하는 사람들이 있다. 그들을 우리는 '주변인' 또는 '경계인'이라고 부른다. 그들은 가족에게도, 친구에게도, 학교에도, 그리고 어떤 집단에도 쉽사리 동화되지 않는다. 그런 모습을 보고, 사람들은 '너는 이러이러해서 그래'라고 이야기하지만, 과연 그런 설명이 맞을까? 어쩌면 우리 모두 일부분은 어디에도 속하지 못하지만, 누군가는 그렇게 속할 수 없는 부분이 훨씬 큰 것은 아닐까?

깨어나서 의사한테 물어보니 2주 정도 의식이 없었다고 하더라고요. 10분쯤 심정지도 왔었고. 그런데 자살 시도를 한 전후 3개월 정도가 잘 기억이 나질 않는 거예요. 의사 말로는 너무 고통스러운 시간이라 뇌가 방어 기제로 기억을 지워 버린 거 같다더군요.

그런데 선명한 기억이 하나 있다면, 의식을 차린 제 눈앞에 전 애인이 서 있는 모습이었어요. 그 순간 초콜릿 아이스크림이 너무 먹고 싶단 생각이 들었어요. 왜 그랬는지는 모르겠지만, 당시 목을 다쳐 호스를 끼고 있어서 먹을 수 없는 상태였는데, 그 친구한테 초콜릿 아이스크림 좀 사 달라고 부탁하니까 몰래 사다 줬어요. 아직도 그 아이스크림 맛을 잊을 수가 없어요. 그 친구는 부잣집 도련님 같은 천진난만한 사람이었는데, 저를 만나 그렇게 힘든 일을 겪다 보니 눈에 근심이 가득하더라고요. 그날 그 친구가 제가 아이스크림 먹는 모습을 찍어 줬어요. 그 사진이 아직도 남아 있어서 가끔 봐요. 사진엔 제가 있지만, 저는 그때 저를 찍어 주던 그 친구의 얼굴이 떠올라요. 웃고는 있지만, 슬픈 눈을 하고 있던….

대학에 진학한 휘경(가명)은 첫 연애를 했고, 아픈 이별을 겪었다. 처음 마주한 이별을 견디기가 너무나도 힘들었다고 그는 말했다. 반년 정도는 일상생활을 할 수 없을 만큼의 아픔이었다. 그 때문에 우울증을 심하게 앓기도 했다. 약을 먹다가 스스로 괜찮아졌다고 생각할 때쯤, 그는 임의로 약을 끊었다. 그렇게 약을 먹지 않은 것이 문제였는지, 걷잡을 수 없는 우울에 휘말려 그만 자살 시도를 하고 말았다.

휘경은 현재 대학원에 다니고 있다. 대학원에 와서는 사람들과 웃고 떠들며 지낼 수 있었다. 겉으로는 잘 어울리는 것처럼 보였다. 그러나 그는 단 한 번도 어느 집단에든, 어떤 사람에게든 소속감을 느껴 본 적이 없다. 대학원 동료들은 그의 밝고 쾌활한 겉모습만 보고 그가 사람을 좋아하는 것 같다고 생각하는 듯했다. 그로부터 촉발된 괴리가 있었다. 휘경이 생각하기엔 대학원에서 만난 사람들과도 깊은 유대는 없었다. 단지 앞으로 몇 년간 함께 어울려야 하는 사람들이기에, 그저 웃는 얼굴로 대하는 것이 좋겠다고 생각했을 뿐이다.

사람들이 말하는 휘경의 모습이 맞는지, 혼자 생각하고 품고 있는 마음이 맞는지, 그는 잘 모르겠다고 말했다. 솔직한 마음으로는 사람을 좋아하는 건 아니라고, 그는 말했다.

> 얼마 전에 제가 다니는 대학원 동료들과 저에 관해 이야기할 시간이 있었어요. 남들은 저를 사람들과 잘 어울리는 사람으

로 보는 모양이더라고요. 그런데 저는 살면서 어딘가에 속해 있다는 느낌을 받은 적이 없어요. 친구도 애인도 있었지만, 막상 누군가와 함께한다는 기분이 든 적은 없거든요. 뭐가 맞는 건지 잘 모르겠어요. 저는 그렇게 생각하지 않는데 말이죠.

'스스로를 잘 모르는 사람.' 휘경은 자신을 그렇게 표현했다. 나는 휘경이 지나온 삶의 흔적을 더듬어 가며 그가 왜 스스로를 그렇게 표현하게 되었는지 살펴보기로 했다.

휘경이 가장 먼저 떠올린 기억은 '혼자 있는 시간'이었다. 그의 집은 형편이 어려웠다. 맞벌이하시는 부모님 밑에서 그는 주로 혼자 지냈다. 가끔 할머니가 그의 끼니를 챙겨 주셨다. 휘경은 4남매 중 막내다. 사람들은 흔히 4남매라고 하면 북적거리고 화목한 분위기를 떠올리지만, 그의 집은 그렇지 않았다. 큰형과 큰누나는 그와 나이 차이가 꽤 많이 나서 마주칠 기회가 별로 없었다. 그 둘에 비해 휘경과 또래였던 작은누나는 유치원에서 돌아오면 친구들을 보러 밖으로 나갔다. 그와 달리 사교적인 성격 덕에 어울리는 친구가 많았다. 작은누나마저 친구를 보러 나가고 나면, 그는 또 혼자가 되었다.

다른 집이었다면 가족들의 사랑을 독차지했겠지만, 휘경은 그런 막내의 삶을 살 수 없었다. 어려운 가정 형편으로 유치원에 가기 전 어린이집도 다니지 못한 그는, 한창 뛰어놀 시기에도 손에 꼽을 수 있는 친구가 단 한 명도 없었다. 유일하게 그와 함께하는 존재라면 집에서 키우는 강아지뿐이었다. 혼자 있는 시간이 많았던 만큼, 친구가 있었으면 좋겠다는 마음은 늘 컸지만, 웬일인지 그는 유치원 친구들과도 잘 어울리지 못했다. 그의 말을 빌리자면, '왕따'까지는 아니었지만 자신을 좋아해 주는 친구도 없었다.

> 사실 정확한 이유는 모르겠는데, 지금 와서 생각해 보니 제가 좀 짓궂었던 거 같아요. 그 나이 때 친구들은 정말 순수한 마음으로 장난치면서 즐겁게 놀잖아요. 저는 왜 그랬는지 좀 친구들이 싫어할 만한 장난을 많이 쳤어요. 정말 짓궂은 마음으로. 그래서 그런지 친구들이 저를 좀 피하더라고요. 초등학교 들어가기 전에는 친구가 한 명도 없었어요.

초등학교에 들어가서는 상황이 아주 조금 나아졌다. 많은 친구를 사귀진 못했지만, 그래도 성격이 나아진 편이었다고 그는 기억한다. 심지어는 웅변 학원에 다니며 쌓은 실력으로 학생회장에 당선되기까지 했다. 촌지를 요구하는 담임 선생님 때문에 어려움이 있긴 했지만, 그럭저럭 버텨 낼 수 있었다. 문제는 중학교에 입학할 때쯤 터졌다.

중학교에 들어가면서 다른 지역으로 이사를 간 그에게 연락이 왔다. "너 게이라는 거 친구들한테 다 소문 퍼졌어." 휘경은 누구에게도 자신의 성적 지향을 밝힌 적이 없었다. 당시 게이 인터넷 커뮤니티에 가입한 것이 전부였다. 그런데 그의 초등학교 친구가 우연히 그 카페에 가입해 휘경을 발견한 것이다. 별다른 이야기를 할 수도 없었고, 그저 초등학교 친구들 모두와 연락을 끊는 것밖에는 다른 방법이 없었다.

사실 전 게이예요. 사춘기가 일찍 와서 초등학교 고학년 때부터 이미 알고 있었어요. 그때는 누구한테 얘기하지도 않았으니까 사람들이 어떻게 생각하는지 알지도 못했죠. 성에 관심이 생기기 시작하면서 자연스레 남자에게 끌린다는 걸 알게 됐고, 그 자체로 거부감은 없었어요.

그는 성정체성을 깨닫는 과정에서도 특별히 어려움을 겪지는 않았다. 게이라는 사실을 사람들이 나쁘게 생각할 거라고 짐작하지도 못했다. 자연스러운 끌림을 받아들일 뿐이었다.

일부러 숨기려던 건 아니었는데, 막상 의도와는 달리 다른 친구들에게 자신의 정체성이 부정적인 방식으로 알려지니 당혹스럽긴 했다.

> 누구에게도 말하지 않았는데, 다들 알게 됐다고 생각하니 너무 무서웠어요. 그 때문인지 중학교에 와서도 친구를 많이 사귀지 못했어요. 한 친구랑만 친하게 지냈죠.

신기하게도 그가 친하게 지냈던 유일한 친구는, 성인이 되어 알고 보니 그와 같은 게이였다. 당시에는 몰랐지만, 우연히 성정체성이 같았기 때문인지 그 친구와는 재밌게 지낼 수 있었다. 그렇게 중학교 시절을 버텼지만, 고등학교에 들어가면서 그 친구와는 헤어질 수밖에 없었고, 그의 외로움은 더욱 깊어만 갔다.

휘경은 남고에 진학했다. 당시에는 별생각 없이 집에서 가까운 학교로 가는 것이 좋겠다는 생각에 선택한 곳이었다. 그러나 막상 학교에 가 보니 그가 감당해야만 하는 문제가 수없이 많았다. 그가 진학한 고등학교에는 성소수자를 혐오하는 분위기가 팽배했다. 또 남학생들의 투박한 문화가 주를 이뤘다. 잦은 몸싸움, 시끄러운 욕설이 섞인 말투, 성적 농담, 수직적인 위계질서… 휘경은 그 안에서 자신을 더욱더 잘 지키고 숨겨야만 한다고 생각했다.

> 고등학교 2학년 때였나, 담임 선생님이 저를 불러 따로 개인 상담을 했어요. 그때 저한테 대놓고 게이냐고 묻더라고요. 그 선생님이 어떻게 알아봤는지는 모르겠어요. 그냥 되게 무섭게 느껴졌어요. 또 그런 일이 반복될 것만 같았죠.

물론 학생을 예민하게 관찰하는 건 교사의 일이다. 그러나 한 사람의 정체성에 대해서 너무나 무례하고 성의 없는 태도였다. 그날 이후 휘경은 학교 안에서 자신을 보호하기 위해선 끝까지 자신의 정체성을 숨겨야 한다고 생각했다. 어떤 친구와도 어울리지 않았다. 그의 다짐이 담긴 자발적인 선택이었다. 수업 시간 외에 친구들과 접촉해야 하는 일이 생기면, 그는 친구들을 피해 혼자 도서관으로 갔다. 친구들은 휘경을 '이상한 아이'로 보는 눈치였다.

사실 정체성을 숨겨야 하는 이유도 있었지만, 그는 예의 그 남학생들의 거친 문화 자체가 싫었다. 특별히 친해지고 싶은 사람도 없었고, 누군가 다가오기를 원하지도 않았다.

그러던 어느 날, 휘경이 평소 싫어하던 친구가 그에게 다가왔다. 그의 말을 빌리자면, 그 친구는 남자 고등학교에 흔히 있는 '드센 친구'였다. 휘경은 자신과 친해지고 싶다며 말을 거는 그 친구에게 자신은 그러고 싶지 않다고, 말 걸지 말아 달라고, 가감 없이 표현했다.

이유 없이 거절당한 그 친구 입장에선 제가 너무 싫었겠죠. 그런데 걔가 반장이 된 거예요. 1년 내내 저를 암묵적으로 놀리고 괴롭혔어요. 남고 특유의 짓궂은 그런 것들 있잖아요. 같은 반인 동안 엄청 스트레스를 받았어요. 선생님한테 얘기를 했는데도 "걔는 원래 그런 학생이야"라고 하면서 별다른 대처를 해 주지 않았어요.

그 후에는 다른 친구들까지 휘경을 배척했다. 한번은 짓궂게 장난을 거는 친구들에게 맞서다가 의도치 않은 싸움에 휘말리게 되었다. 그 아이는 고등학교 기숙사에서도 상당한 영향력을 갖고 있었다. 기숙사에서 지내는 친구들끼리도 일종의 네트워크가 형성돼 있었는데, 많은 친구가 그 아이를 지지했다. 그 싸움 후 다른 친구들까지도 휘경을 '그냥 이상한 친구'에서 '배제해야 할 아이'로 생각하는 듯했다.

그렇게 고등학교 시절의 휘경은 또다시 어디에도 속할 수 없는 학생이 되었다. 그는 학교에 가는 게 죽기보다 싫었고, 자연스레 공부에도 흥미를 잃어버렸다.

당시 휘경은 우연히 청소년을 대상으로 하는 철학 교실을 알게 되었다. 학교에는 더는 미련이 없었다. 그가 유일하게 재미를 느끼는 일상은 철학 교실에서 수업을 듣는 것뿐이었다. 휘경은 그 수업에서 '마르크스'에 대해 배웠다. 돌이켜 생각해보면, 어린 나이에 마르크스 철학을 배워서 일종의 '선민의식'에 빠져 있었던 것 같다고 그는 말했다. 조금은 다른 시선으로 세상을 볼 수 있게 되었지만, 동시에 '이 세상'이 너무나도 싫어졌다.

고등학교 3학년 때였는데, 날씨가 굉장히 좋은 날이었어요. 중국어 수업을 듣다가 왠지 모르게 지금 자퇴를 해야겠다는 생각이 든 거예요. 그래서 뜬금없이 가방을 싸서 학교를 뛰쳐나왔어요.

물론 자본주의를 비판하는 마르크스 철학을 공부한 여파도 있었을 테지만, 그것은 일종의 불쏘시개에 불과했다. 이미 어디에도 소속될 수 없다는 생각은 학교 생활 내내 이어져 왔다. 그 마음을 건드려 줄 명분이 필요했을 뿐이다. 그렇게 미련 없이 학교를 뛰쳐나온 그는 숙식이 제공되는 아르바이트 자리를 알아보았다. 돈을 벌어야겠다고 생각했기 때문이다.

> 그렇게 자퇴를 하려고 마음을 먹었는데, 엄마가 난리가 난 거죠. 저희 엄마는 대학에 안 가면 사람도 아니라고 생각하시는 분이었거든요. 그래서 말 그대로 엄마 손을 잡고 학교로 다시 돌아갔어요. 이후엔 공부도 안 하고 정말 대충 다녔어요. 수능이 얼마 남지 않았는데도 말이죠.

그는 어머니의 뜻에 못 이겨, 고등학교를 마저 다니고 성적에 맞춰 대학에 입학했다. 그렇게 어머니의 차를 타고 대학교 기숙사로 향하던 날, 그는 이유 모를 눈물을 흘렸다. 그동안의 일상이 참 지겨웠던 휘경이었다. 학교도, 집도… 모든 것이 싫었던 그는 기회만 된다면 혼자 살고 싶다는 마음뿐이었다. 어머니 차를 타고 이동하는 지금, 이제 대학에 들어가기만 하면 그의 뜻대로 완전히 자유롭게 혼자 살 수 있을 터였다. 그렇게 싫었던 삶에서 벗어나는 순간인데도 그는 웬일인지 하염없이 펑펑 뜨거운 눈물을 쏟았다.

대학에 입학한 후 첫 연애를 하면서 그는 '이제야 어딘가 소속될 수 있을 것 같다'라는 기대를 품었다. 그러나 그렇게 기대했던 만큼 이별의 아픔은 사무치도록 크게 다가왔다. 이별할 수밖에 없었던 이유는 애인의 우울증 때문이었다.

당시 휘경은 애인의 마음을 잘 살피지 못했다고 한다. "잠을 잘 자지 못한다", "삶이 매너리즘에 빠진 것 같다"는 애인의 말들을 그저 일상 속의 투정처럼 흘려보냈다. 그러던 어느 날, 휘경의 애인은 정신과 진단서를 가져왔다.

> 의사들은 보통 정신병에 명확한 이유가 없다고 설명해요. 그런데 그 친구한테는 명확한 원인이 있다고 콕 짚어 얘기했다고 하더라고요. 그 명확한 원인이 저였던 거죠. 사실 정신적인 고통이 전염될 수 있다는 건 알고 있었어요. 그런데 헤어지고 나니 그 죄책감에 너무 힘들더라고요.

휘경은 애인을 만나도 온전히 소속될 수 없다는 생각이 들었다. 더욱이 언제나 해맑던 사람이 자신의 영향을 받아 우울증에 빠지고, 마침내 떠나 버렸다는 현실이 그에게 너무 버겁게만 느껴졌다. 다른 사람들을 만나도 마찬가지였다. 휘경을 있는 그대로 알아주고 가까운 관계를 맺고자 노력하는 사람은 많았다. 그러나 여전히 그에게 소속감을 줄 수 있는 사람은 없었다. 친구도 애인도 마찬가지였다.

그 때문일까, 그는 자신의 외로움을 '투명함'이라고 표현했다. 다른 것들이 전혀 섞이지 않는 또는 섞일 수 없는 느낌이라고. 보통의 우울처럼 끈적이지도, 탁하지도 않은 맑은 이미지라고. 누구도 침범할 수 없는, 이제는 굳이 섞이고 싶지도 않은 그런 마음.

> 고등학교 때였을 거예요, 그때부터 이미 알았던 거 같아요. 개 두 마리를 데리고 아무도 없는 산을 매일 밤 산책했어요. 저랑 개들 소리 아니면 아무런 소리도 나지 않는 조용한 곳이었죠. 그냥 감각적으로 그때부터 '아, 나 이렇게 외롭게 살겠구나' 생각하게 됐어요. 돌아보면 일찍이 체념한 거 같기도 해요. 누구랑 같이 있고 싶지도 않고, 누군가 제게 힘이 돼 줄 것 같지도 않은….

최근에 만난 애인은 휘경에게 이런 말을 건넸다. "네 편이 돼 줄게." 그는 그것이 무슨 의미냐고 되물었다. 그러자 애인은 "네가 어떤 행동을 하든 너를 이해하려고 노력하겠다는 거야"라고 대답했다. 휘경은 그 이야기를 듣고 그나마 삶이 좀 새롭게 느껴졌다고 말했다. 이후 애인의 행동이 썩 맘에 들지는 않았지만, 그래도 '내 편이 있는 삶'을 처음 살아 보는 기분이었다고.

애인의 한마디가 준 울림은 그의 가슴속에 들어와 미약하게나마 한줄기 희망이 되어 주었다. 당장은 몸에 와 닿을 정도로 느껴지진 않지만, 자신에게 손을 내밀어 준 애인에게 너무나도 고마운 마음이라고 그는 말했다.

자신을 알아줄 수 있는 사람은 언제까지고 아무도 없을 것이라는, 체념과도 같던 휘경의 외로움. 물론 애인의 말로 그는 조금이나마 평안을 찾았다. 그러나 여전히 두려움을 쉽게 떨쳐 내지 못한다. 몸에 체득된 외로움의 정서에 너무나도 익숙해져 버린 나머지, 자신을 알아줄 수 있는 사람을 만난다 해도 그 외로움이 해소될 수 있을지조차 그는 알 수 없다.

> 그 외로움이 투명하다는 거, 사실은 그냥 제 모습일지도 모르겠어요. 사실 저는 어떤 관계에서도 체면을 중요하게 여기지 않아요. 어디에도 소속되지 못했기 때문일까요? 지도 교수님이나 친구나 전부 똑같이 대하는 거죠. 사람들이 다들 신기해하더라고요. 최근엔 대학원 동료가 그런 제 모습을

'고귀한 기질'이라고 얘기해 줬어요. 그런데 생각해 보니 그런 기질도 전부 그 투명함에서 나오는 것 같아요. 무리하게 침범하지도 않고, 그렇다고 얽매이지도 않는 제 기질은 결국 외로움 때문인 거죠. 그래서 외롭지 않은 삶을 애써 바란다거나 하지도 않아요. 그러다 보면 또 무언가를 잃어버릴 것만 같은 느낌이 들거든요.

대학원 동료가 그에게 '고귀한 기질'을 가졌다고 표현한 이유는 무엇일까? '고귀하다'는 말에는 다른 것들과 달리 귀중하고 훌륭하다는 사전적인 의미가 있다. 한편으로는 '사회에 의해 때 묻지 않은 원초적인 상태'라는 의미로 통용되기도 한다. 휘경은 스스로 타인보다 더 나은 사람이라고 이야기하지 않았다. 누구에게도 편견을 갖지 않고 스스럼없이 대할 뿐이다. 어디에도 속할 수 없었기에 아무 색도 띠지 못했던 것처럼, 다른 누구도 색안경을 끼고 바라보지 않는. 그래서 그의 외로움은 무결하다. 동시에 어떤 사회적인 시선으로 보아도 이해할 수 없을 만큼 고독한 것이 아닐까?

어디에도 속할 수 없는 삶을 살아가지만, 그로 인해 휘경은 외로움을 느끼지만, 그렇다고 해서 그의 외로움이 지극히 슬퍼 보이거나 처연하게 느껴지지는 않았다. 오히려 그는 아무 데도 속하지 않은 만큼 한껏 자유로운 영혼이었다. 그가 어디에 서 있든, 바로 그곳이 그가 존재하는 자리였다. 존재감에 충만한 그는 어느 집단 속에서도 자연스럽게 함께할 수 있었고, 앞으로도 안팎을 들락날락하며 마치 돌고래가 물살을 가르듯 자유롭게 항해해 갈 것이다.

| 12장 |

나의 모습을 한 그림자

휘몰아치는 삶에 대한 의문

누군가는 외로움을 곁에 두고 나아갈 동력으로 삼는가 하면,
누군가는 끈질기게 외로움을 붙잡고 답을 갈구한다.
그는 후자에 해당하는 사람이었다. 끝이 보이지 않는 여정에서
'어딘가 답이 있겠지' 믿으면서도 하염없이 흔들리며 걸어가는 사람.

우리의 삶은 때때로 예기치 않은 사건을 불러온다. 그 사건이 하필 고통을 동반할 때, 자신에게조차 충분히 설명될 수 없을 때, 심지어 "어째서 나에게?"라는 질문을 끊임없이 불러일으킬 때, 우리는 깊은 의문을 품은 채 살아갈 수밖에 없다. 언젠가는 그 답을 찾으리라 생각하면서.

만일 신앙이 있는 사람이라면, 그런 의문은 더 커다란 곤혹스러움을 낳는다. 우리는 일반적으로 독실한 신앙을 영위하는 삶은 평안하고 순탄하게 전개될 것이라고 예상하기 때문이다. 그러나 실제로 삶은 그처럼 단순하게 흘러가지 않는다. 외로움은 그 '알 수 없음'의 혼란스러운 언저리에서 솟아난다.

저는 답을 찾고 싶은 사람이에요. 저는 제 삶이 잘 이해되지 않거든요. 어느 순간엔 답을 찾은 것 같다는 생각도 들어요. 이제 더는 힘들지 않고 주어진 시간을 열심히 가면 되겠다고 생각하기도 하죠. 그러다가도 다시 그 답이 하염없이 멀어져요. 그러면 '아직 멀었네, 갈 길이 멀구나' 하며 다시 생각에 잠겨요.

애란(가명)은 신실한 기독교인이다. 주말만 되면 하루 종일 교회에서 시간을 보낸다. 오전엔 고등부 학생들을 가르치고, 오후에는 청년부에서 찬양팀으로 활동한다. 찬양 인도자의 자리에서 성도들에게 갖가지 성경적인 말씀과 멘트를 하며 그들의 신앙심을 끌어내는 그는 어느 누가 봐도 '믿음 좋은 자매님'이다. 목사님을 비롯한 교회 사람들은 모두 애란을 그렇게 생각한다. 하나님에 대한 굳은 믿음으로 건강한 신앙생활을 하는 사람.

그러나 그의 믿음은 시멘트 담벼락에 피어 있는 한 송이 민들레처럼 위태롭다. 어떻게 그곳에서 자라 버티고 살아가는지, 애틋하면서도 신기한 마음이 들 정도로.

고등학교 3학년 때였다. 당시 만나던 남자친구가 막무가내로 그를 학교 구령대로 끌고 갔다. 어디가 땅이고 어디쯤 계단이 있는지 아무것도 분간할 수 없는 깜깜한 밤이었다. 정신을 차리고 보니, 그 스스로도 도저히 이해할 수 없는 충격적인 일을 당한 후였다.

성폭력의 충격이 너무나도 큰 나머지 그는 누구에게도 이 일을 이야기할 수 없었다. 그가 할 수 있는 것이라곤 그날 일을 없었던 것처럼 여기는 것뿐이었다. 잔인하게도, 그렇게 마음을 먹으니 또 아무렇지 않은 척 일상을 살아갈 수 있었다. 마치 전혀 기억이 안 나는 사람처럼 삶을 살았다.

> 고등학교 때였으니까 참 바빴어요. 엄마랑 아빠 사이도 안 좋고, 그래서 힘들기도 했죠. 그냥 그런 핑계들로 시간을 흘려보냈던 거 같아요. 또 집에 돈도 없으니까 대학 가서도 학비랑 생활비를 다 제가 벌어 썼거든요. 그렇게 정신없이 살다 보니 어느새 또 웃으면서 지내고 있더라고요.

어쩌면 힘겨운 일이 있을 때마다 어김없이 그날의 기억이 애란을 찾아왔는지도 모른다. 그러나 그럴 때마다 그는 그 생각이 시작되려는 순간 다시 잊었다. 자신이 그 생각을 했는지조차 모르게.

그러다가 회사에서 힘든 하루를 보낸 어느 날, 그는 문득 그 생각과 마주하고 말았다. "잔잔한 바람에 날리고 있던 하얀 천이 갑자기 날카로운 갈고리에 걸려 휙 하고 뒤집히는 순간"이라고 그는 표현했다.

10년도 더 된 그 일을 마주하자 그는 자신이 '원래부터 버림받은 존재가 아니었을까'라고 생각하게 되었다. 교회에서는 멀쩡하게 하나님의 사람들 사이에 끼여 있지만, 하나님은 자신을 받아 주지 않는 것 같았다. 사실 그 스스로 자신을 하나님의 사람이라고 생각할 수 없었다.

애란의 어머니는 알코올중독자였다. 매일 밤 술을 마시고, 그와 동생에게 해서는 안 될 모진 말을 해댔다. "너는 태어나지 말았어야 해." "너 때문에 내가 이렇게 힘든 거야." 그렇게 폭언을 퍼붓고 다음 날 술이 깨면, 당신이 언제 그런 말을 했느냐며 애란을 이상한 사람 취급했다.

어머니는 혹독한 시집살이를 견뎌 왔다. 시댁에서는 어머니의 복잡한 가정사를 듣고는 '종년의 딸'이라며 밑도 끝도 없이 하대했다. 어느 날은 집에서 물건이 없어지자 '도둑년'이라며 어머니를 몰아세웠다. 애란의 아버지는 자기 어머니의 말씀이니 부정은커녕 어떤 말도 하지 않았다. 그런 상황에서 애란의 어머니가 할 수 있는 일은 아무것도 없었다. 어머니는 시댁에서 그렇게 '종년의 딸', '도둑년' 취급을 받으며 일생을 버텼다.

> 그래도 엄마를 이해해 줘야 한다고 생각해요. 엄마가 저에게 진짜 듣기 힘든 말을 해도, 엄마의 삶이 얼마나 힘들고 서글픈지 충분히 느껴지니까요. 고등학교 즈음부터는 아빠가 주로 친할머니 댁에 있었어요. 그때부터 엄마는 '엄마의 역할'도 내려놓더라고요. 밥도 저랑 동생이 다 해 먹었어요. 그냥 이해되면서도 엄마의 사랑을 바라긴 했어요. 그런데 그런 마음을 내비칠 때마다 엄마는 "너희는 애정 결핍이야. 난 충분히 사랑을 줬어"라고 얘기해요.

애란도 어머니를 따라 매일 밤 술을 마셨다. 성경 말씀에는 "취하지 말라"고 했지만, 술 없이는 잠들 수 없었다. 어머니는 아버지와 사이가 좋지 않으면서도 "너희가 우울한 표정으로 지내면, 아빠가 나한테 뭐라고 하니까 그딴 표정 짓지 마"라며 자매를 나무랐다. 마음을 내비칠 수 있는 사람이라곤 어머니뿐이었던 자매는 표정조차 함부로 지을 수 없었다.

애란의 동생은 어머니의 아픔이 자기 탓이라며 자책했다. "엄마가 저렇게 힘들어할 거였으면 나는 태어나지 말았어야 했어. 엄마한테 너무 미안해." 애란은 기구한 삶을 살아온 어머니, 자기 탓이 아님에도 자책하는 동생 모두에게 마음을 써야 했다.

대학 시절 아버지는 애란에게 계속해서 돈을 빌렸다. 그가 학비와 생활비를 홀로 마련하며 힘든 대학 생활을 하는 와중이었다. 그런 그에게 아버지는 하루가 멀다 하고 전화를 걸었다. "30만 원만 빌려줘, 아니 80만 원만. 갚을게, 미안해."

애란은 울면서 자신에게도 돈이 없어서 줄 수 없다고 말하면서도, 결국은 아버지가 달라는 대로 돈을 보냈다. 그럴 때면 꼭 아버지는 그에게 "사랑한다"고 말했다. 애란은 화장실에 들어가 벽에 머리를 박으며 울었다. 앞으로는 아버지한테 절대로 돈을 보내지 않을 거라고 수차례 다짐했지만, 아버지를 미워하면서도 단호하게 거절할 수가 없었다. 아프지만 벗어날 수 없는 족쇄 같았다.

은연중에 그런 생각이 들더라고요. 내 삶이 진짜 너무너무 지겹다. 힘들어서 죽어 버리고 싶다. 그때부터 자해하기 시작했어요. 밤에 술만 마시면 자해를 했죠. 사실 진짜 죽으려고 했던 건 아니고… 그렇게 깊은 상처를 내지도 못했거든요. 돌이켜 생각해 보면 누가 그 상처를 좀 봐 줬으면 하는 바람이었던 것 같아요. 보여 주기 싫으면서도 또 누가 한번쯤 봐 줬으면 좋겠는 그런 마음. 팔은 너무 티가 나더라고요. 그래서 주로 발목을 칼로 긁었어요.

그렇게 자해를 하고 잠든 어느 날 밤, 누군가 그의 다리를 닦는 느낌이 들었다. 살며시 눈을 떠 보니 어머니가 그의 발목에 흐르는 피를 닦고 있었다. 다리에 상처를 내면 피가 쉽게 멈추지 않았다. 어머니는 끝까지 피를 닦고는 아무런 말 없이 방을 나갔다.

침대에 피가 묻어 있으니 같은 방을 쓰는 동생도 그의 자해를 알 수밖에 없었다. 그러나 가족들은 그에 대해 아무런 대화도 나누지 않았다.

애란의 '이중생활'은 계속됐다. 집에서는 매일 밤 술을 마시고 자해를 했지만, 교회에서는 믿음 좋은 언니이자 선배였다. 그 괴리 또한 마음속에 커다란 의문을 남겼지만, 그저 버티고 살아가는 일에 나름 익숙해진 그였다. 당시 교회에는 그를 특별하게 봐 주는 목사님이 있었다. 목사님은 겉으로 보기에는 착실히 신앙생활을 하는 애란을 신뢰하고 지지해 주었다.

그런데 어느 날 청년들의 간식을 준비하던 그의 팔에서 목사님은 자해 흔적을 보게 되었다.

목사님도 되게 놀라셨어요. 믿음 좋아 보이던 사람이었는데 자해한 흔적이 보이니까. 목사님께서 저를 따로 부르시길래, 그냥 전부 얘기했어요. 숨기고 말고 할 상태가 아니었거든요. 그때 목사님께서 정말 큰 도움을 주셨어요. 사실 저는 병원에 가야 하는 상황이었는데, 가지 않고 버티고 있었거든요. 목사님께서 "정신과 약 그거 감기약이랑 똑같다. 마음도 몸이야. 마음이 아파도 치료해야 한다"고 말씀해 주셨어요. 그 이야길 듣고 힘을 얻어서 병원에 갈 수 있었죠. 거기서 약 먹고 치료하면서 많이 나았어요.

목사님 덕분에 급한 불은 끌 수 있었다. 다행히 좋은 의사를 만나 많은 도움을 받았다. 약은 물론이고 마음을 터놓고 상담할 수 있었다. 그러나 여전히 그의 마음속에는 어떻게 해도 해결되지 않는 문제가 남아 있었다. 상태가 좀 나아지기는 했지만, 애란은 여전히 자신의 삶을 이해할 수 없었다.

그 즈음 몸이 좋지 않아서 산부인과에 갔어요. 여러 가지 검사를 했는데, 임신 가능성이 희박하다는 진단을 받았어요. 저는… 어릴 때부터 집이 풍비박산 났기 때문에 새롭게 행복한 가정을 꾸리고 싶다는 소망이 있었어요. 가정을 꾸리면 지난 삶을 뒤로하고 새 출발 할 수 있겠다고 생각했죠. 그런데 임신 가능성이 희박하다니, 정말 너무하단 생각이 들더라고요. 나한테 도대체 어떻게 이럴 수 있나, 내 인생은 도대체 어디까지 가는 건가….

당시 목사님은 애란에게 도움이 될 만한 말씀을 전해 주었다. 아브라함의 아내 사라는 아들을 낳을 것이라는 하나님의 말씀을 믿지 못했다. 자신은 아이를 낳기엔 너무 늦은 90세의 늙은 몸이었기 때문이다. 그는 하나님의 말씀을 웃어넘겼다. 그러나 시간이 흘러 사라는 하나님의 말씀처럼 아이를 낳게 된다. 목사님은 애란에게 의사의 진단은 가능성의 문제일 뿐, 절대로 아이를 낳을 수 없다는 것이 아니라며 그를 위로했다. 그러나 애란에게는 오히려 그 이야기가 와 닿지 않았다. '늘 알고 있고, 들어 온 말씀을 내가 믿지 못하는구나' 하는 혼란만 가져다줄 뿐이었다.

애란은 스스로 신앙심이 깊은 사람이라고 생각했다. 가끔은

흔들리고 무너져도 하나님 말씀만큼은 굳게 믿는다고 여기며 살아왔다. 그러나 이미 익숙하게 알고 있던 이야기인데도, 자신에게 적용할 때는 확신하지 못하는 자신의 모습을 보며 그는 좌절했다. '나는 하나님께도 기댈 수 없는 사람이 아닐까? 역시 난 버림받았어.' 마치 자신의 문제와는 전혀 상관없는 옛이야기처럼 들릴 뿐이었다.

애란은 모태 신앙인이다. 어머니 배 속에서부터 성경 안에서 삶의 의미를 찾아 온 사람이다. 그러나 자신의 삶을 해석하면 할수록 의미를 잃어버릴 것만 같다는 두려움에 휩싸였다. 자신에게 일어나는 일들은 무슨 의미를 붙이기에도 너무 버겁기만 했다. 의미를 잃는다는 건, 더는 삶을 이해할 수 없다는 것과 같았다. 이해할 수 없다는 건, 온전히 숨이 붙은 채로 살아갈 수 없음을 뜻했다.

그래도 애란은 마지막이라는 생각으로 하나님께 기도했다. "하나님, 이제 저를 좀 제발 세워 주세요. 살려 주세요." 그는 지푸라기라도 잡는 심정으로 갈급하게 성경을 찾곤 했다. 그러다 목사님의 위로를 듣고 얼마 지나지 않은 어느 날, 그날의 하루 큐티QT, Quiet Time(기도와 묵상, 성경 읽기를 하면서 하나님을 만나는 조용한 시간) 말씀으로 그는 하나님을 만났다.

"내가 네 곁으로 지나갈 때에 네가 피투성이가 되어 발짓하는 것을 보고 네게 이르기를 너는 피투성이라도 살아 있으라, 다시 이르기를 너는 피투성이라도 살아 있으라 하고." (에스겔 16:6)

살면서 처음으로, 적절한 시기에 제게 보내 주신 말씀 같다는 생각이 들었어요. 정말 많이 울었죠. 그리고 다시 살아날 수 있었어요. 너무 기뻐서 목사님께도 말씀드렸죠. 이제야 하나님을 만난 것 같다고.

애란은 이후에도 그 목사님과 함께 자주 시간을 보냈다. 다시 살아난 느낌인 만큼, 그에게 목사님은 너무나도 큰 의미였다. 처음에는 그렇게 하나님을 만나는 계기가 돼 준 고마운 분이라는 의미였지만, 결국 그는 그 목사님을 좋아하게 되어 버렸다. 그건 정말 큰 실수였다.

물론 그가 너무 위태로워 보였기 때문에 목사님이 그의 이야기를 들어 주고, 마음과 시간을 내준 것이라는 사실을 잘 알고 있었다. 그럼에도 계속 목사님과 같이 있고 싶다는 생각이 간절했다. 전화하고 싶고, 이야기하고 싶고, 보고 싶었다.

목사님은 가정이 있는 사람이었다. 애란은 목사님이 그리워도 그래서는 안 된다고 스스로를 다그쳤다. 그러다 지난날 다른 일로 목사님과 통화한 일을 떠올렸다. 찾아보니 아니나 다를까, 미리 핸드폰을 설정해 둔 탓에 목사님과의 통화 내용이 녹음돼 있었다. 애란은 목사님이 그리우면, 홀로 재생 버튼을 눌러 녹음 파일을 들으며 마음을 달랬다. 너무 창피하고 부끄러운 일이었다.

시간이 흘러, 애란은 지금의 애인을 만나게 되었다. 애인은 다른 교회에서 전도사를 하는 신실한 사람이었다. 감성적인 애란과 달리 조금은 투박한 사람이었지만, '아, 이런 사람이라면 정말 새롭게 출발할 수 있겠어' 하는 마음이 들었다. 더욱 좋았던 건, 서로 부족함을 채워 줄 수 있는 존재라는 점이었다.

각자의 관심 영역을 공유하고 거리를 좁혀 온 두 사람은 지금 서로의 중간 어디쯤으로 걸음을 옮겨 가며 서로를 닮아 가고 있다. "하나님께서 이런저런 자리에 저를 넣었다 뺐다 하면서 지금까지 키워 오신 거구나." 그는 이제 행복했다.

남자친구는 원래 전혀 감성적인 사람이 아니었어요. 그런데 어느 날 길고양이를 보고 불쌍해서 눈물이 났다는 거예요. 그렇게 조금씩 저를 닮아 가더라고요. 서로를 잘 채워 줄 수 있는 사람을 만났다고 생각했어요. 그런데 연인이 만나면 또

싸움이 없을 순 없죠… 본래 투박한 사람이니까, 제 상처를 가끔 별것 아닌 것으로 치부해요. 물론 남자친구 특유의 무던한 성격 때문에 제 어려움도 이겨 낼 수 있었지만, 또 너무 행복했으니까 실망도 많이 하는 거겠죠.

애인과 다툰 날 밤, 애란은 다시 목사님과의 통화 목록을 찾았다. 헛헛한 마음을 달래기 위해서였다. 그런데 실수로 그만 통화 버튼을 누르고 말았다. 곧바로 끊긴 했지만, 부끄러움이 밀려왔다. "지금의 남자친구와 잘 만나서 교회 사모가 되어 사람들을 위로해 주고 싶었는데, 나는 이 정도의 사람밖에 안 되는 건가…." 또다시 그는 자신을 질책했다.

애인을 만난 후 새 출발을 할 수 있으리라 믿었다. 그것이 여태 살아오며 끊임없이 던진 의문들에 대한 답일 거라고 굳게 믿었던 그였다. 하나님은 도대체 뭘 계획하고 계신 건지, 돌아가지 않을 거라고 여겼던 절망 속으로 그는 다시금 빠져 버리고 말았다.

전 어렸을 때부터 굉장히 예민했어요. 다섯 살 때였나, 그림자를 무서워해서 부모님이 애를 먹었다고 하시더라고요. 또래 아이들은 그림자 놀이 하면서도 노는데, 저는 자꾸 그림자가 저를 따라온다고 울었대요. 제 외로움이 그런 모양 같아요. 그림자가 사실 '나'는 아니잖아요? 그런데 내 모양을 하고 계속 저를 따라다니는 거죠. 그래서 어떨 땐 그냥 '저게 나인가?' 착각하도록 만들기도 하고요. 그러니 정신을 똑바로 차려야 해요. 저를 계속 쫓아와도 저 외로움이 나라고 착각하지 않도록.

애란의 바람은 홀로 서는 것이다. 독립적으로 살아갈 수 있어야 하는데, 그의 새 출발이라는 것도 애인에게 기대야만 꿈꿀 수 있었던 것 아닐까? 누구에게도 기대지 않고 홀로 살아내고 싶지만, 그는 여전히 두렵다. 답을 찾기 위해서 언제까지 걸어가야 할지 모른다는 불안감 때문이다.

삶은 해석의 영역이다. 같은 일을 겪어도 다른 시선으로 바라볼 수 있고, 다른 태도로 살아갈 수 있는 존재가 사람이다. 같은 상황에서도 사람들은 서로 다른 마음으로 기뻐하고, 슬퍼하고, 아픔을 느낀다. 누군가는 외로움을 곁에 두고 앞으로 나아갈 동력으로 삼는가 하면, 누군가는 끈질기게 외로움을 붙잡고 '나한테 도대체 왜 이러는 거야?' 물으며 답을 갈구한다. 애란은 후자에 해당하는 사람이었다. 끝이 보이지 않는 여정에서 '어딘가엔 답이 있겠지' 믿으면서도 그 연약한 믿음을 부여잡고 하염없이 흔들리며 걸어가는 사람.

   정도의 차이는 있지만, 인간은 누구나 외롭다. 어느 시인의 말대로, '외로우니까 사람이다'.[*] 그런데 우리는 왜 외로운 걸까? 그 답을 쉽게 찾을 수 있는 사람도 있겠지만, 평생에 걸쳐 찾지 못하는 사람도 있을지 모른다. 외로움은 어떤 이에게는 (애란이 말했듯) 그림자처럼 삶에 매 순간 함께하는 것일 수도 있으니 말이다.

   그렇게 내가 존재하는 한 외로움도 있는 것이라면, 외로움의 끝은 나의 끝일 수 있다. 만일 외로움이 이처럼 나로부터 뗄 수 없는 무엇이라고 한다면, 우리는 그 외로움과 더불어 살아갈 방법을 찾아야 하는 게 아닐까? 자주 다독이고, 너무 귀찮게 할 때는 화도 내고, 가끔 손잡고 여행을 떠나기도 하면서. 애란이 외로움과 친구가 될 수 있기를 바라는 것은 너무 지나친 소망일까?

---

[*] 정호승, 《외로우니까 사람이다》, 창비, 2021.

| 13장 |

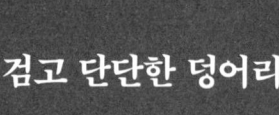

검고 단단한 덩어리

외로움은 나의 힘

그에게 외로움은 마치 없어서는 안 될 공기와 같은,
그 자신의 표현에 의하면 손처럼 몸에 붙어 있는 그 무엇이었다.
그는 한순간이라도 외로움을 느끼지 않은 적이 없다고 했지만,
그에게 외로움은 슬픔이나 우울이 아니라 힘인 것 같았다.

내가 윤하(가명)를 만난 건 모든 인터뷰를 마치고 쌀쌀한 가을바람이 불던 10월이었다. 대학교수인 그가 중간고사를 맞아 잠시 짬이 났을 때 산 밑에 있는 그의 연구실로 찾아갔다. 그의 책상은 각종 책과 논문, 문방구로 어질러져 있었다. 창문이 있는 쪽을 제외한 연구실의 3면이 모두 책장으로 덮여 있었는데, 책들이 빼곡히 들어차다 못해, 책장 앞쪽에도 서너 권씩 겹겹이 쌓여 있었다. 가히 책과 하나가 된 삶을 보는 듯했다.

처음 외롭다는 느낌을 받은 건 국민학교 5학년 때였어요. 저희 부모님은 두 분 모두 바쁘셨어요. 아버지는 늘 제가 잠든 다음에야 들어오셨고, 어머니는 가정주부였지만 당시 늦깎

이로 공부를 더 하겠다며 대학원에 진학하신 상황이었죠. 그렇다 보니 저랑 제 동생은 밤늦게까지 알아서 시간을 보내야 했어요. 그때 왜 그런 생각이 들었는지 모르겠는데, 집에 돌아오는 길에 문득 '오늘보다 내일이 사는 게 더 행복할 것 같지 않다'는 생각이 들었어요. '어차피 매일 매일 똑같은 삶이라면, 왜 계속 살아야 하지?' 하는 생각도 들었죠.

윤하는 책을 좋아하는 조숙한 학생이었다. 중학교에 들어가면서 동네 상가에 있는 교회에 다녔는데, 그곳에 작은 도서관이 있었다. 그는 매주 도서관에서 두꺼운 '삼성 세계문학전집'을 한두 권씩 빌려 왔다. 톨스토이의《전쟁과 평화》, 도스토옙스키의《부활》과《죄와 벌》, 마거릿 미첼의《바람과 함께 사라지다》등을 모두 그곳에서 빌려 읽었다. 밤늦게까지 책을 펼쳐 놓고 있으면, 어머니가 와서 "제발 그만 읽고 자라"고 말씀하시곤 했다. 그러면 이불 속에서 몰래 스탠드를 켜 놓고 또 책을 읽었다.

너무 어릴 때부터 심오한 내용의 책들을 읽어서였을까, 그는 중학교 때부터 죄와 도덕, 인간의 고통에 관심을 두게 되었다고 했다.

집안도 평범했고, 중고등학교 내내 성적이 우수했던 윤하는 친구 관계에 특별히 어려움이 있지는 않았다. 하지만 많은 친구와 어울린 건 아니었다. 중학교 때를 떠올리면 다섯 명 정도, 고등학교 때도 대여섯 명이 전부였다. 그 친구들과 지금까지 연락을 주고받기는 하지만, 그렇다고 적극적으로 먼저 나서서 연락하는 편은 아니다.

그 친구들의 기억에 따르면, 윤하는 어딘가 좀 특이한 아이였다. '꼬마 철학자' 타입이었다고나 할까. 선생님의 농담에 모든 반 아이들이 깔깔거리고 웃을 때도, 윤하는 혼자 뭐가 웃기냐는 듯 무심한 표정을 짓고 있었다. 그런 모습 때문에 심지어 선생님에게 건방지다고 혼이 난 적도 있었다. 또 수업 중에 예측할 수 없는 '이상한' 질문을 해서 선생님을 당황하게 만들기도 했다. 오죽하면 중학교 3학년 때 담임은 그에게 이상의 시집을 선물로 주면서, "네가 생각나서 샀다"고 했다.

MBTI에서 I라는 윤하는 누군가에게 직접 적극적으로 다가가서 말을 걸거나 친해지자고 하는 유형은 아니다. 혼자 있다고 해서 낯설거나 이상한 기분에 휩싸이지도 않는다. 그렇다면 그는 외로움을 전혀 느끼지 않는 걸까? 학창 시절에 외로움을 느낀 적이 없냐고 묻자 그가 대답했다.

늘 외로웠던 것 같지만, 그렇다고 단 한 번이라도 외로워서 슬프다거나 괴롭다고 느껴 본 적은 없어요. 손이 내 몸에 붙어 있듯, 외로움이 그렇게 신체의 일부처럼 붙어 있었다고나 할까요. 한 번도 외롭지 않은 적이 없었지만… 아, 한 번 있었네요. 대학교 1학년 첫사랑에 빠졌을 때, 그때는 외롭지 않았어요. 그때 말고는 심지어 연애할 때도 계속 외로웠으니까요.

신체의 일부처럼 외롭다는 게 어떤 의미일까? 그에게 외로움은 지금까지 인터뷰한 사람들과는 좀 다른 의미인 것 같았다. 외로움이 늘 공기처럼 함께 있기에 굳이 이상하다고 느끼지 못하는 상태라고 해야 할까? 적어도 그의 외로움은 어떤 부정적이거나 날카로운 기운을 띠고 있지 않았다. 그저 있어야 할 자리에 있는 듯한 모습이었다. 그의 말마따나, 그에게 외로움은 신체의 일부인 모양이었다.

윤하는 대학 때 운동권이었다. 당시 이야기를 하는 그의 모습에는 밝음과 어두움이 혼재했다. 한편으로는 당시의 활기차고 진취적이었던 삶을 그리워했지만, 다른 한편으로는 그 시절의 음울하고 칙칙한 모습을 떠올리기 힘들어했다. 군부독재 시절의 끝물에 대학을 다닌 그는 민주화 운동에 참여하면서,

한편으로는 여성 운동에 일찍이 눈을 떴다. 대학 내 학생회를 비롯한 각종 정치 조직들은 가부장적이고 군대식 관계에 익숙해져 있었는데, 윤하는 여성으로서 그런 분위기가 못마땅하고 불편했다. 그는 운동권 활동을 할 때가 가장 외로웠다고 말했다. 주변에 친구는 가장 많았지만, 마음에 허기가 가득했다고.

윤하는 한국에서 학부와 석사를 마치고, 박사 과정을 공부하기 위해 미국으로 유학을 갔다. 스물여덟 살 때였다. 미국에서 혼자 집을 구하고, 중고 자동차를 사고… 그런 매일 매일의 생활이 그에게 자유를 선물했다. 만일 그때 한국에 있었다면, 주변에서 결혼하라느니 아이를 가지라느니, 이런저런 귀찮은 일이 많았을 거라면서, 그는 오히려 미국으로 혼자 떠난 것이 좋은 도피가 되었다고 했다.

당시 사귀던 남자친구가 있었지만, 그가 미국으로 유학 가자마자 다른 여자를 만나 금세 헤어졌다. 좀 충격적이긴 했지만, 그렇다고 외로움이 밀려오지는 않았다. 언젠가 고모가 해준 말이 생각났을 뿐이다. "나쁜 사람은 아쉬워하지 말고 빨리 떨어져 나가도록 두는 게 좋아!"

미국에서 공부하는 삶은 그야말로 외로움의 천국이었다. 혼자 살 뿐 아니라, 모든 걸 혼자 해야 했다. 윤하는 그게 좋았다. 주변의 싱글 남자들은 연애에 전혀 관심이 없는 그를 이상한 눈초리로 쳐다봤다. 심지어 무슨 문제가 있어서 연애하지 않는 거라고 괴상한 소문을 퍼뜨리기도 했다.

그러나 윤하에게 관심이 있는 건 어떻게든 그곳에서 박사 논문을 잘 마치는 것이었다. 미국 학생들은 한국인과 달리 체력이 좋았고, 모국어인 만큼 영어도 능숙했다. 그들과 경쟁하면서 공부하는 게 여간 어렵지 않았다. 하지만 그는 그런 도전적인 상황이 유쾌했다. 스스로 조금씩 강인해져 간다는 느낌까지 받을 수 있었다.

물론 주변의 박사 과정 학생들이 모두 윤하처럼 외로움에 익숙한 이들은 아니었다. 그들은 삼삼오오 모이기를 즐겼고, 도서관에 갈 때도 꼭 친구와 함께 가는 사람도 있었다. 그러나 윤하는 그런 게 오히려 더 거추장스러웠다. 식당에 가더라도 혼자 가고, 영화를 보더라도 혼자 가서 고즈넉하게 시간을 보내는 것이 더 자연스러웠다.

제가 혼자 있으면서도 외롭다고 못 느끼는 이유는 아마 늘 책을 읽기 때문 아닐까 해요. 저는 이틀에 한 권 정도는 책을 읽는 편인데요. 책을 보면 사람들의 이야기가 나오잖아요. 저는 실제 현실에서 사람들을 만나는 것보다, 책에서 만나는 사람들에게 더 흥미를 느껴요. 그들이 제 삶의 동지라고나 할까요. 그리고 또 음악이 있죠. 저는 어릴 때 음악을 전공하려고 했을 만큼 음악을 좋아하는데요. 음악에 빠져 있다 보면, 외로움이 그렇게 감미롭게 느껴질 수가 없어요. 잔잔한 선율을 타고 외로움이 함께 춤을 추는 것 같아요.

그렇다면 윤하는 가족을 꾸리지 않고 계속 혼자 살아온 걸까? 나이 오십이 넘은 지긋한 중년이었기에 넌지시 물어보았다. 그는 결혼을 했다고 했다. 미국에서 유학을 거의 마칠 즈음, 한국에 잠시 나왔다가 우연히 만난 남자와 첫눈에 반해 결혼했다는 것이다. 평생 혼자 살 것 같았던 사람이 갑자기 결혼한다고 하니 부모님은 말할 것도 없고 주변에서 모두 말렸다. 그래도 그는 고집을 꺾지 않고 결혼했다.

박사 과정을 마무리하러 남편과 함께 미국으로 간 윤하는 그곳에서 아기도 낳았다. 그는 아기를 낳았을 때가 인생에서 가장 행복했던 순간이라고 했다. 그만큼 자신의 배 속에서 태어난 아기가 신기하고 신비로웠다고. 그 말을 하는 윤하의 얼굴에는 그날의 감동이 떠오르는 듯, 환한 빛이 생글거렸다.

윤하의 결혼 생활은 오래가지 못했다. 남편과의 사이에 특별한 문제가 있었던 건 아니다. 하지만 그는 남편과 함께하면서 더 쓸쓸하고 적막한 기분을 느꼈다. 혼자 있을 때와 같은 충만한 기분이 아닌, 무언가 결핍된 듯 불편한 상태가 하루하루 계속되었다. 남들이 말하는 외로운 기분을 그때 비로소 느끼게 된 것이다.

윤하가 결혼 생활 속에서 외로움을 느끼게 된 건, 어쩌면 우리 사회에서 부부란 어떠해야 한다는 생각 때문에 갖게 된 기대감 때문이었을지도 모른다. 그리고 혼자 있으면 자유롭게 자신이 원하는 것만 해도 되지만, 남편과 같이 있으면 계속 서로 조율하고 맞춰야 하는 삶이 더 불편했을 수도 있다.

이혼하기 전엔 좀 두려움이 있었어요. '하고 나서 후회하면 어떻게 하지?' 그런데 이혼하니까 생각보다 더 좋더라고요. 전 남편에게 미안해질 정도라니까요.
결혼 생활이 아주 끔찍하게 나빴던 것도 아니었어요. 하지만 한국 사회에서 결혼이란 여전히 평등하지 않은 관계인 게 분명해요. 같이 일하지만, 집안일은 제가 거의 도맡아 해야 하고, 치킨을 한 마리 시켜도 다리는 애 아빠와 아이 몫이 되죠. 이혼하니까 혼자 마음대로 음악을 크게 틀어도 되고, 자고 싶을 때 자도 되고… 저는 아무래도 혼자 살아야 하는 체질인가 봐요.

외롭지 않으냐고 물으니, 전혀 그렇지 않다고 했다. "할 게 얼마나 많은데요?"라며 웃는 그는 천상 혼자가 맞는 사람이었다. 적어도 그는 중년의 삶을 풍성하게 보내고 있는 듯했다. 안정적인 직장에 아이와 함께하는 생활, 그리고 똘똘한 제자들이 있기에 가능한 일이 아닐까 싶기도 했다.

윤하는 외로움을 친구로 삼고 있었다. 그는 언제 한순간이라도 외로움을 느끼지 않은 적이 없다고 말했지만, 그에게 외로움은 슬픔이나 우울이 아니라 힘인 것 같았다. 외로움을 통해 삶을 살아가고, 좋아하는 책을 읽고, 맘껏 글을 쓰고… 그에게 외로움은 마치 없어서는 안 될 공기와 같은, 그 자신의 표현에 의하면 손처럼 몸에 붙어 있는 그 무엇이었다.

그렇지만 윤하는 종종 함께 담소를 나눌 수 있는 친구가 한 명만이라도 있었으면 좋겠다고, 인터뷰 말미에 멋쩍은 웃음과 함께 덧붙였다. 아무리 사회적 관계를 크게 필요로 하지 않는 사람이라고 하더라도, 친구 한두 명은 당연히 필요할 터였다. 그러나 안타깝게도 윤하에게는 그런 친구조차 없는 듯했다.

나이가 들어 가면서 점점 가족보다는 친구의 중요성이 커진다고들 한다. 얼마나 친밀한 친구가 많은가가 노년의 건강과 수명을 결정한다는 연구도 있다. 나는 외롭지 않다고 말하는 윤하가 조만간 꼭 친구를 사귈 수 있었으면 좋겠다고 생각했다. 외롭지 않다는 그의 말이 왠지 진실처럼 느껴지지 않았다. 친구 두서넛과 함께 재잘거리는 그의 모습을 상상해 보니, 훨씬 더 아름답고 환하게 빛나 보였다.

| 에필로그 |

 우리가 지금까지 살펴보았듯이, 외로움은 사람마다 다양한 모양과 색깔을 띠고, 또 복잡한 신체적이고 정서적인 반응을 생성할 수 있다. 외로움은 고체로, 액체로, 혹은 아무것도 아닌 투명함으로 경험될 수 있다. 외롭다는 감정 속에서 누군가는 슬픔을, 누군가는 억울함을, 누군가는 분노를, 누군가는 두려움을 느낀다.

 그런데 그것을 아는가? 외로움이 이처럼 감정을 표현하는 단어가 된 것은 서구에서도 18세기에 들어서였다는 것을. 그 전까지 외로움은 '홀로 있음' 이상도 이하도 아니었다고 한다. 그러다가 산업화와 개인주의가 심화하면서, 외로움은 주변과의 연결을 느끼지 못하는 고립되고 결핍된 '감정'으로 인식되기 시작했다. 이처럼 외로움은 역사적이고 사회적인 산물이다. 신이나 지역공동체와의 통합에서 벗어나 개인의 능력과 역할이 중요하게 되면서, 외로움의 감정이 인류에게서 점차 자라난 것이다.

실제로 오늘날 우리가 느끼는 외로움은 단순히 '홀로 있음'으로 인해 발생하지 않는다. 혼자 있어도 충만한 기분을 느끼는 경우가 있는가 하면, 북적거리는 사람들 속에서도 외로움은 결핍의 정서로 경험된다. 외로움은 마치 나 자신 속에 있는 '어떤 것' 혹은 인간의 '본질'처럼 생각되지만, 실상은 개인이 주변 사회와 맺는 관계의 성격을 드러낼 뿐이다.

언젠가 "외롭지 않다는 거짓말"이라는 구절을 본 적이 있다. 나는 적어도 한국 사회에서 살아가는 사람들에게는 이 말이 맞는다고 생각했다. 한국 사회는 전 세계 어느 곳보다 빠르게 움직이고 변화를 추구하면서도, 동시에 개인에게 참으로 부단히 많은 문화적 규범과 규칙을 따르기를 요구하는 모순적 공간이기 때문이다. 가족은 사랑으로 끈끈해야 하고, 개인은 자신만의 고유한 열망을 추구하면서도 사회적 기준과 주변의 시선을 의식해야 하며, 사회적으로는 부모로서, 직장인으로서,

시민으로서 역할과 책임을 다해야 한다. 끝없는 경쟁을 수용하면서도, 부모들은 남들이 하듯이 '평범하게' 살기를 자녀들에게 기대하고, 공정과 평등의 가치를 중시하면서도, 개인이 부당함을 겪으면 웬만하면 큰 소리 내기보다 참고 인내하기를 바란다.

또한 누구나 남들보다 색다르고 멋진 모습이기를 추구하면서도, 나와 좀 다른 사람을 보면 눈살을 찡그리며 배척한다. 빈곤한 사람, 외국인 노동자, 난민, 장애인, 동성애자들이 한국 사회에서 특히 더 삶이 고된 까닭이다. 이처럼 모순적이면서도 과도한 요구 속에서 매일 매일 살아가다 보면, 마음에 결핍이 생기고 부정적인 감정이 서서히 자라난다. 어느새 내가 나 자신인지 아니면 내가 연기하는 그 무엇인지 헷갈리게 되면, 외로움이 커질 수밖에 없다.

외로움이 부정적인 감정이다 보니, 아무래도 우리는 외로움을 느끼더라도 직접 대면하기보다 회피하게 된다. 그렇지 않아도 스트레스가 많은 삶에서 부정적인 내 마음속까지 들여다보고 해결할 여유가 없기도 하다. 그런데 그런 상황이 계속 쌓이다 보면, 어느새 몸과 마음이 병든 나 자신만 홀로 덩그러니 남기 마련이다. 지치고 적막한 나를 돌봐 줄 사람은 결국 나 자신이라는 것을 그때 비로소 깨닫게 되기도 한다.

외로운 감정은 피할 것이 아니라 마주할 필요가 있다. 무엇보다 외로움은 진실된 관계를 맺음으로써, 그리고 서로 마음을 소통함으로써 빈 공간을 채우고 위로받으며 충만함의 경험으로 바꿔 나갈 수 있다. 물론 주변에서 진실된 관계를 찾는 게 쉬운 일은 아니다. 특히 성인이 되고 나면, 더 이상 어릴 적 친구처럼 모든 속내를 드러내며 이야기하기가 어려워진다. 또 그들이 쉽게 내뱉는 말에 상처받을 상황이 두렵기도 하다. 그러나 모두가 그런 똑같은 두려움을 느끼고 있고, 상대방에게 다가가기를 망설이고 있다는 사실을 알면 어떨까? 모두는 아니라고 하더라도 다수가 인정에 허덕이고, 이해에 목마르며, 외로움으로 괴로워하고 있다는 것을 수긍하면 어떨까?

타인의 시선과 비난이 두려워 자기 속으로 숨어 들어가면 잠시 위험을 피할 수 있을지는 모르지만, 결국 자신감을 상실하고 열등감이나 자책감을 갖게 되기 쉽다. 그런 부정적인 감정들은 우리를 건강하지도 행복하지도 않은 삶으로 이끈다. 우리는 사실 모두 약하다. 강하게 보이는 사람일수록 실상은 아주 여릴 수 있다. 그 사실을 인정하면서, 우리는 타인의 지적이나 미움으로부터 자신을 단련시킬 필요가 있다. 만일 타인과 연결되기가 아직은 두렵다면, 먼저 다른 긍정적인 환경과 관계 맺음을 시도해 보는 것도 방법이다. 예술적 감흥이나 자연과의 교감이 대표적이다.

나는 이 책을 준비하며 열두 명의 사람들과 대화를 나눴고, 그를 통해 오늘날 우리가 경험하는 외로움에 대해 다양한 각도에서 바라볼 수 있게 되었다. 또한 그들과 짧지만 진실된 교류를 통해, 나 자신의 외로움에 대해서도 새롭게 생각해 볼 수 있었다. 그리고 깨달았다. 외로움이 전혀 없는 삶은 불가능할지 모르지만, 적어도 외로움을 굳이 끔찍하거나 부정적인 경험으로만 생각할 필요는 없다는 것을.

외로움은 우리 자신과 삶을 돌아볼 수 있게 해 준다. 외로움은 내가 무엇을 바라는지 자신의 욕망을 들여다보게 해 준다. 그리고 내가 살고 있는 이 세계를 더 알게 해 준다. 앞서 언급했듯이, 외로움은 우리 각자가 주변 세계와 맺는 관계의 성격을 드러내 주기 때문이다. 마지막으로, 이 책의 독자 모두에게 이 책이 조금이나마 도움이 되었기를 바란다.

외로움의 모양

초판 1쇄 발행 2023년 11월 29일
초판 5쇄 발행 2025년 11월 24일

지은이 이현정
펴낸이 김익한
교정 이숙
디자인 엄혜리
인쇄 및 제본 (주)현대문예
펴낸곳 가능성들
등록 2020년 11월 24일 (제2020-000323호)
주소 서울시 마포구 서교동 447-7 대상빌딩 4층 (04001)
전화 010-5642-5438
이메일 culture.possible@gmail.com

ISBN 979-11-977660-1-5 03800

저작권자 ⓒ 이현정, 2023